Jantares de Mesa e Cama

A Marco Zero tem como objetivo publicar obras com qualidade editorial e gráfica, consistência de informações, confiabilidade de tradução, clareza de texto, e impressão, acabamento e papel adequados. Para que você, nosso leitor, possa expressar suas sugestões, dúvidas, críticas e eventuais reclamações, a Marco Zero mantém aberto um canal de comunicação.

Entre em contato com:
CENTRAL DE ATENDIMENTO AO CONSUMIDOR
R. Pedroso Alvarenga, 1046 - 9º andar – 04531-004 - São Paulo - SP
Fone: (11) 3706-1466 – Fax: (11) 3706-1462
www.editoranobel.com.br
E-mail: ednobel@editoranobel.com.br

Alexandra Forbes

Jantares de Mesa e Cama

receitas passo a passo para você se dar bem na mesa... e na cama

MARCO ZERO

Direitos desta edição reservados à
AMPUB Comercial Ltda.
(Marco Zero é um selo editorial da AMPUB comerciral Ltda.)
End.: Rua Pedroso Alvarenga, 1046 - 9° andar – cep 04531-004 – São Paulo, SP
Fone (11) 3706-1466 – Fax (11) 3706-1462
www.editoranobel.com.br
Email: ednobel@editoranobel.com.br

Coordenação da edição: Alexandra Forbes
Capa, ilustrações e projeto gráfico: Daniel Kondo
Arte-final: Alexandre Alcântara
Impressão: Quebecor World São Paulo.

Publicado em 2004

Dados Internacionais de catalogação na Publicação (CIP)
Câmara Brasileira do Livro, SP, Brasil)

Forbes, Alexandra
Jantares de mesa e cama / Alexandra Forbes. –
São Paulo : Marco Zero, 2002.

ISBN 85-279-0355-5

1.Culinária I.Título.

02-0937 CDD-641.5

Índice para catálogo sistemático:

1. Culinária 641.5

Impresso no Brasil / *Printed in Brazil*

AGRADECIMENTOS

A meu pai, que me ensinou o gosto pelas comidas e panelas,
e minha mãe, cobaia incansável de minhas experiências na cozinha.

Agradeço a colaboração das amigas Hilary Webster e Kathy Stafford
e do sempre impecável *sommelier* Steven Monfette, que recomendou os
vinhos citados neste livro.

Sumário

APRESENTAÇÃO

O lugar deste livro é a cozinha, não a sala de visitas. E, de preferência, sujo de farinha e azeite, como prova de que está sendo usado. Cada uma das 50 receitas que aparecem aqui foram pensadas e escritas com o cozinheiro de fim de semana em mente. Isso quer dizer que, sem abrir mão de sabores maravilhosos, pensei: como facilitar? Como cortar caminho? O que pode ser pré-preparado de véspera?

Quando se corta caminho na cozinha – usando cubos de caldo de galinha em vez de fazer o clássico caldo usando ossos, cenoura, salsão, etc. – os ditos "gourmets" ficam de cabelos em pé. "O quê?! Suco de garrafa? Maisena pra engrossar molho? Espinafre congelado? Oh my God!" Não estou nem aí, porque o que importa é o sucesso do resultado final, e não as tais regras da gastronomia. Afinal de contas, quem é que quer passar o fim de semana in-tei-ri-nho na cozinha, fervendo ossos, descascando frutas, reduzindo caldos, etc. e tal? Eu é que não!

Apesar de simplificadas na medida do possível, as receitas deste livro são, como sugere o título, tiro e queda. Impressionam mesmo. Deixam qualquer convidada, seja ela desencanada ou fresquinha, querendo mais, e querendo o *chef*. Mãos à obra!

Alexandra Forbes

O Primeiro Drinque Ela Nunca Esquece

Quer saber a verdade? Pode soar terrível, mas para as mulheres é assim: há momentos em que ser e ter é mais ou menos a mesma coisa. Quando ela finalmente aceitar o convite para jantar no seu apê, vai procurar provas materiais de que você é um cara charmoso. Ela toca a campainha, vocês trocam beijinhos ainda meio frios e, enquanto ela beberica o primeiro drinque da noite... começa a vistoriar discretamente sua casa e seu jeito de morar.

Enquanto eletrônicos de última geração, boas panelas, temperos diferentes na cozinha e vídeos românticos contam muitos pontos a seu favor, pôsteres da Pamela Anderson, fotos de ex-namoradas e meias sujas largadas no chão são um banho de água fria no romance. Se você quer se dar bem com ela, precisa guardar nas gavetas e debaixo da cama tudo aquilo que queima o filme e exibir apenas o que faz bonito.

A primeira impressão é mesmo a que fica. Por isso, se você está pensando em receber a garota em casa, cuide do que ela vai ver primeiro assim que entrar: a sua sala. É até bom deixar uma ou outra coisa fora do lugar, porque mostra que você não é um daqueles chatos obcecados com arrumação. A decoração, nós não vamos lhe ensinar a fazer, claro.

Nesse departamento, algumas sugestões apenas: não enfeite demais, nem use muitas cores, que pega mal. Tenha uma bela coleção de CDs. Pode ter certeza de que é isso que ela vai ficar olhando enquanto você termina de fritar os bifes na cozinha. E, por fim, o mais importante: invista em *dimmers* de luz ou em abajures que criem uma iluminação sedutora. Na hora do xaveco, ninguém quer luz na cara, muito pelo contrário!

Justamente por esse começo de jantar ser a hora mais crítica, é legal que você esteja calmo, sem ter que se preocupar com mil e uma coisas na cozinha. Por isso, prepare tudo o que puder com antecedência, deixe os ingredientes já picados sobre a bancada, o molho pronto pra ser reaquecido, o arroz no banho-maria, etc. Assim, fica mais fácil acertar a finalização da receita, e sobra mais tempo pra aproveitar o que realmente importa: a garota!

A munição do mestre-cuca

Há quanto tempo você resolveu vestir o avental? Se faz só alguns meses, então talvez sua cozinha ainda esteja pelada. Minha primeira sugestão: não passe uma tarde – nem gaste dois meses de salário – numa dessas lojas chiques para *gourmet*. Elas vendem, entre algumas coisas essenciais, milhares de cacarecos supérfluos e totalmente dispensáveis. Faça melhor: veja aqui a relação do que você vai precisar mesmo e compare com o que você tem em casa. Compre o que falta. O resto – faquinhas pra esculpir estrelas de melancia, bichinhos de plástico pra escovar batatas, frigideiras supersônicas, fritadeiras elétricas, etc. e tal – você pode ir comprando aos poucos, sem pressa.

1. Colher usa-se a toda hora ao pé do fogão. Esta, com aberturas, serve principalmente para retirar os sólidos dos líquidos.

2. Peneira não serve só para deixar seu suco de laranja coado. É com ela que se deixa a farinha de usar no bolo mais aerada e que se tiram as sementes do *coulis* de frutas, viu?

3. Só com uma espátula dessas dá para virar o omelete e a crepe que você vai aprender a fazer.

4. Tábua de madeira fica verde quando alguém pica salsinha, mesmo depois de lavada. Esta não, porque é uma tábua sintética e não-porosa. E não pega cheiro. O melhor de tudo é que é fácil de lavar.

5. Ralador à velha moda, como este, é sempre melhor, porque além de baratíssimo, tem quatro faces que ralam cada uma de um jeito diferente: queijo fininho ou grosso, cenoura em palitinhos, etc.

6. Esta frigideira grande e com tampa faz o essencial, como os bifes e peitos de frango de todo dia. Mas também comporta até pratos mais complexos, como escalopes com molho de pimenta rosa, peixe ao molho branco, ratatouille de legumes, etc.

7. O jarrinho refratário resiste a líquidos *superquentes*. Indispensável para seguir receitas, já que marca medidas em mililitros (até 500) e xícaras.

8. Concha pra despejar o caldo no risoto e para servir a sopa e a feijoada. Imprescindível. A da foto é de alumínio com cabo plástico.

9. Além da função óbvia de escorredor de macarrão, ele facilita a lavagem das verduras.

10. Isto é um daqueles potes herméticos em versão melhorada. Como só a tampa é plástica e o resto é de aço inox, não pega cheiro nem amarela com o tempo.

11. O nome é sugestivo: chicote. Bater claras em neve ou fazer chantilly com esse treco dá um trabalhão. Ele é mais útil na hora de fazer omelete e misturar massas moles.

12. *Chef* que não quer errar tem um termômetro em casa que dê pra espetar nos assados.

13. Peça-chave da cozinha, este panelão faz tudo, de macarrão a estrogonofe.

14. Nas facas, besteira economizar. Escolha uma cara como a da foto, que dificilmente perde o fio. Pequenina, é boa para tirar o miolo de frutas e descascar legumes.

15. Esta faca, maior, corta carnes, repolhos, rocamboles, etc.

16. Com um afiador desses, você deixa em dia qualquer faca — além de poder usá-lo como cacetete em caso de emergência.

17. Cinco tigelas, mil e uma utilidades. Servem para bater ovos e massas mas também pra levar a comida à mesa.

18. Indicada para mexer comida, especialmente em panelas antiaderentes. (Por ser de madeira, não arranha).

19. Panela com capacidade para 2,5 litros. Sua função principal é preparar molhos, mas também esquenta comida chinesa de ontem e o que mais seu estômago agüentar...

20. Este refratário tem dupla função, fazendo as vezes de assadeira e travessa de servir. Nele, qualquer coisa vai ao forno: bolo, frango ou panquecas de carne.

21. Pinça comprida como esta é um coringa no churrasco do fim de semana, além de muito útil ao cozinheiro de primeira viagem. Use-a sempre que fritar ou grelhar carnes e peixes, e seus dedos jamais serão tostados!

Observação:
Não puderam comparecer no dia da foto: liquidificador, batedeira, fôrma pra pudins e musses, frigideira de cabo metálico pra fazer tarte tatin, amassador de batatas, pincel.

O que não pode faltar no bar

Com algumas taças de vinho você já pode se virar ao dar um jantar, mas a verdade é que todo cara realmente charmoso tem um bar decentemente equipado. Eis aqui os componentes básicos do bar bacana.

Tampa para champanhe
Eu acho frescura, porque nunca vi ninguém tomar só meia garrafa de champanhe. Em todo caso, dizem que segura bem as bolhas até o dia seguinte...

Espremedor
Dezenas de coquetéis levam suco de alguma fruta, e você, como *expert barman* que é, espreme o seu na hora, certo?

Azeitonas
Se você curte martinis, tem que tê-las. Se não curte, sirva-as numa cumbuca como aperitivo.

Pilão
Além de companheiro inseparável das caipirinhas, pode também macerar frutas pra um coquetel tropicalíssimo, por exemplo.

Saca-rolhas
A melhor marca do mundo chama-se Screwpull. Mesmo se escolher outra, lembre-se: quanto mais bonitinho e original, pior o saca-rolhas.

Balde de gelo
Sem gelo, ninguém faz drinques. E sem balde, o gelo derrete!

Coqueteleira

Quem é que nunca viu aquele filme em que o Tom Cruise chacoalhava sua coqueteleira para se exibir? O movimento geralmente dá uma engrossada nos drinques e cria uma espuma geladinha. Na falta de uma coqueteleira, improvise encaixando um copo em outro um pouco maior.

Decantador

Tem gente que acha frescura, mas quase todo vinho melhora se for aberto uma hora antes do jantar e passado da garrafa pra um decantador. Isso expõe o vinho ao oxigênio do ar e faz com que os aromas se “abram”.

Abridor de garrafas

Precisa explicar o porquê?

Jarra e bailarina

Sempre que a receita de um drinque pedir pra misturar os ingredientes – sem usar a coqueteleira – a jarra e a bailarina entram em ação. Indispensáveis pra fazer martinis, por exemplo.

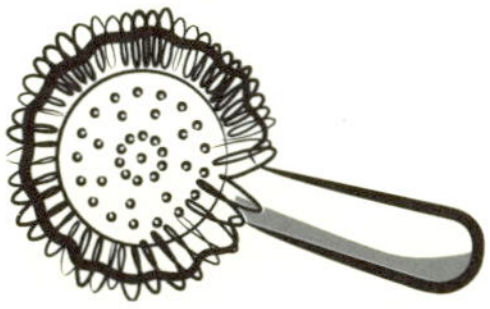

Coador

De preferência, ele deve se encaixar direitinho na boca da sua jarra. Serve pra segurar o gelo e outros objetos quando você for despejar os coquetéis nos copos.

Copo de cerveja

Ah, se todo mundo soubesse a diferença que faz tomar a cervejota da sexta-feira num copo bem escolhido...

Taça de vinho

Pra cada vinho existe um formato correto de taça – mas nem todo mundo tem grana ou paciência pra comprar a coleção toda. Um bom começo é investir em algumas taças de bom tamanho, feitas de cristal.

Taça de champanhe

Além da função óbvia, serve também pra fazer os super-coquetéis que aparecem nas páginas seguintes.

Taça de martini

É nesta taça que você deve servir vários drinques da moda, como o martini de maçã ou o cosmopolitan.

Copo de licor

As moças costumam curtir um Porto ou um licor depois do jantar, num copinho assim...

Copo alto

Este é o grande curinga do bar, serve tanto pra servir água como pra coquetéis como sex on the beach ou um simples gin tônica.

Copo baixo

Onde mais você serviria seu uisquinho? Num copo de requeijão? É também o copo clássico para caipirinha.

Faca

Deve ser pequena e afiada, pra cortar limões e também frutas para enfeitar coquetéis.

Saleiro e pimenteiro

Servem pra temperar o bloody mary, um velho favorito.

Aperês-delícia pra servir antes do jantar

Seu bar está equipado. A disqueteira, programada em *random*. Só falta agora saber o que servir. Como regra básica, as garotas preferem começar a noite com algo ligeiramente adocicado, e não tão forte quanto um uísque *on the rocks* ou um martini. Vinho branco sempre cai bem como aperitivo, Prosecco melhor ainda. Mas se você quer preparar algo surpreendente, para poder exibir seus dotes de *barman*, siga as próximas receitas. Estes drinques (originalmente criados pelo *gourmet* e enófilo dr. Roberto Morgulis) são de-mais. Verão, mulatas, carnaval... isso tudo acabou servindo de inspiração pra criar essas versões brasileiríssimas de grandes clássicos: bellini, kir, kir royal e caipirinha. Cada um deles leva uma fruta tropical na receita. É tomar e sair para o abraço.

Kir Jabuti

Encha 1 taça com vinho branco (Sauvignon Blanc ou Viognier) bem gelado. Complete com 1 colher (sopa) de licor de jabuticaba. Misture delicadamente.

Papo royal

Encha 1 taça com espumante seco (brut). Complete com 1 colher (sopa) de licor de jenipapo. Misture delicadamente.

Caipibola

Corte uma carambola em fatias finas. Reserve as 4 estrelas mais bonitas. Soque as outras com um pilão, num copo baixo e largo, misturadas com 1 colher (sopa) cheia de açúcar. Complete o copo com gelo e 1 dose de pinga boa. Misture e enfeite com as 4 estrelas de carambola.

Bellimanga

Misture 3 partes de Prosecco (espumante italiano) com 1 parte de suco de manga (ambos gelados) e 3 gotas de angostura.

AS ENTRADAS

Quando um jantar é dividido em três estágios – entrada, prato principal, sobremesa – os convidados imediatamente sacam que o negócio é sério, trata-se de uma noite especial. E a entrada é a primeira a dar o tom, a anunciar o que vem a seguir – daí sua importância. A única regra que deve ser seguida é: se o prato principal for uma carne, comece com uma saladinha ou um peixe, e vice-versa. É legal fazer um contraste, começar com uma coisa e dar seqüência com outra completamente diferente. Se o jantar for formal, fica mais elegante servir a entrada já nos pratos, montada com capricho, mesmo que dê mais trabalho. Ah, e nunca deixe as pessoas se empaturrarem com a entrada, por melhor que ela seja. Assim, sobra apetite para o resto!

Atenção:

1. Sempre que uma receita pedir pimenta-do-reino, esta deve ser moída na hora.

2. O rendimento de cada receita varia, de 2 a 6 pessoas, conforme a indicação no topo da lista de ingredientes.

3. Ao medir xícaras e colheres (chá ou sopa), use os medidores próprios para isso, e não xícaras e colheres de verdade!

4. Para não se embananar na hora de servir vinhos no seu jantar, siga as sugestões que acompanham cada receita.

Salada de roquefort, peras e amêndoas

Sugestão de vinho: Sauternes (o clássico vinho doce francês) ou outro vinho branco e licoroso de colheita tardia.

Esta salada tem muita sustança, porque leva amêndoas e queijo roquefort. Pode ser servida sozinha, como um almoço leve, ou também como acompanhamento para bife ou frango grelhados. Neste caso, ignore a recomendação de vinho acima que vai bem num jantar formal – e abra uma cervejinha estalando de gelada. Você vai ver que nem tudo o que é verde é sem gosto! E o que é melhor: sua garota vai achar que você manda muito bem na cozinha.

Ingredientes: (para 2 pessoas)

- 1 pé de alface lisa
- 100 g de amêndoas em lâminas
- 100 g de queijo roquefort
- 1 pacote de 200 g de pão árabe torrado e picado
- 1 pêra
- ½ xícara de azeite extravirgem
- ½ xícara de vinagre
- 1 colher (sopa) de vinho do Porto
- sal e pimenta-do-reino

Como se faz:

1. Ligue o forno em fogo médio e espere esquentar. Enquanto isso, dê uns socos no pacote de pão árabe torrado (sem abri-lo, claro) para que ele fique bem picado.

2. Faça a vinagrete, juntando o sal, a pimenta, o azeite, o vinagre e o vinho do Porto. Bata com um garfo ou um chicote, até que a mistura engrosse.

3. Toste as amêndoas no forno por uns 5 a 10 minutos, até que dourem.

4. Pique o roquefort em cubinhos. Fatie a pêra em lâminas bem finas. Se não for servir a salada imediatamente, deixe essas fatias mergulhadas em água fria com limão, para não escurecerem. Aí é só misturar tudo e servir, com a vinagrete ao lado, numa molheira.

Rolinhos de aspargo e presunto cru

Sugestão de vinho: Prosecco (espumante da região italiana do Vêneto), Beaujolais refrescado (a uns 14 graus) ou um rosé da Provence.

Desde que o mundo é mundo, sálvia combina muito bem com carne de porco – presunto cru inclusive. Esse casamento perfeito garante o sucesso de uma receita que, de tão simples, quase não ocupa linhas! Simples, porém supimpa.

Ingredientes: (para 4 pessoas)

- 200 g de presunto cru (italiano) fatiado superfino
- 12 aspargos frescos
- 100 g de manteiga
- 12 folhas frescas de sálvia, mais algumas pra enfeitar
- sal e pimenta-do-reino

Como se faz:

1. Para começar, tire o presunto da geladeira, de modo que fique macio e no ponto. Em fogo superbaixo, derreta a manteiga. Em seguida, acrescente as folhas de sálvia, pimenta-do-reino e um pouquinho de sal e deixe a manteiga pegar gosto devagarinho – isso leva cerca de meia hora. Vai surgir uma espuma branca, que você deve ir tirando com uma colher – isso é o que se chama de clarificar a manteiga.

2. Lave os aspargos e corte fora as partes duras e branquelas dos talos. Ferva água numa panela e mergulhe nela os aspargos e uma pitada de sal por 2 minutos. Retire e escorra.

3. Enrole 1 ou 2 fatias de presunto ao redor de cada talo de aspargo. Use apenas as fatias que estiverem inteiras e bonitas. Monte 3 talos em cada prato. Deixe à temperatura ambiente. Na hora de servir, se os aspargos estiverem totalmente frios, esquente rapidamente no microondas, por uns 30 segundos apenas. Regue cada prato com 2 ou 3 colheradas generosas da manteiga aromatizada bem quente e jogue umas folhas de sálvia por cima.

Salada de queijo de cabra com vinagrete ao mel

***Sugestão de vinho:** branco ou espumante do Loire francês ou um Sauvignon Blanc californiano.*

Esta salada, além de rápida de preparar, faz o maior efeito. Não é à toa que ela pulula pelos cardápios dos melhores restaurantes do eixo São Paulo - Rio. Nesta versão o queijo é só aquecido, não vem empanado com nada – para que complicar, né? Você pode deixá-la pronta, montada nos pratos, antes de o pessoal chegar e, na hora H, só vai precisar aquecer o queijo. Dá uma ótima entrada, mas pode ser também o seu jantar numa noite solitária (quem é que não tem dessas?) – nesse caso, basta dobrar a porção.

Ingredientes: (para 4 pessoas)

- 200 g de queijo de cabra francês
- 200 ml de azeite extravirgem
- 60 ml de vinagre de vinho tinto
- 4 colheres (sopa) de mel
- folhas variadas e frescas, em quantidade equivalente a dois pés de alface
- 1 pão italiano
- sal, pimenta-do-reino

Como se faz:

1. Preaqueça o forno. Corte fatias bem finas do pão italiano e coloque numa assadeira. Asse o pão até torrar e ficar num tom dourado (leva uns 15 minutos). Enquanto isso, misture numa tigela, batendo vigorosamente com um garfo, o mel, o azeite e o vinagre até a mistura ficar homogênea. Salgue e apimente. Corte o queijo em 4 pedaços e monte-os numa outra assadeira.

2. Lave as folhas. Você pode usar alface precoce, radicchio e mache, ou as folhas que preferir, desde que sejam bem novas (são mais bonitinhas e tenras).

3. Arranje as folhas nos pratos formando uma roda, do modo mais caprichado que conseguir. Esquente o queijo no forno preaquecido por 2 ou 3 minutos. Enquanto isso, coloque 2 torradas em cada prato e tempere as folhas com o vinagrete – umas 3 ou 4 colheres (sopa) pra cada prato. Tire o queijo do forno e coloque um pedaço no centro de cada prato. Sirva imediatamente.

Envelopinho de phyllo com camembert e verdes

Sugestão de vinho: Beaujolais-Villages (tinto francês) ou um Borgonha (também tinto e francês).

A cara é sofisticada, o gosto, nota mil. Ninguém vai acreditar quando você disser que fez sozinho, em 15 minutos. Sabe qual é o truque? A massa é comprada pronta, congelada. Chama-se phyllo e, superdelicada, parece papel. Está à venda nos supermercados mais cheios da chinfra. Se não achar, substitua por massa folhada da marca Arosa, também congelada. O resto é fácil: você faz o molho da salada, embrulha o queijo na massa, pincela com ovo, assa por 10 minutos e... tchan tchan tchan tchan! Você tem em mãos uma entrada bonita e gostosa.

Ingredientes: (para 4 pessoas)

- 1 pedaço de cerca de 200 g de queijo camembert
- 1 colher (sopa) de geléia de framboesa
- 1 pacote de massa phyllo
- 1 ovo
- folhas variadas e já lavadas para salada

Para o molho:

- 1 xícara de maionese light
- 1 xícara de leite
- 1colher (sopa) bem cheia de salsinha ou ciboulette picada
- suco de ½ limão grande ou de 1 limão pequeno
- 1 colher (sopa) rasa de açúcar
- sal e pimenta-do-reino

Como se faz:

1. Preaqueça o forno em fogo médio. Deixe a massa sobre a pia, dentro do pacote. Faça o molho da salada. Junte a maionese, o suco de limão, o açúcar, a pimenta-do-reino e a salsinha. Misture bem. Acrescente o leite aos poucos, batendo vigorosamente. Salgue.

2. Bata o ovo com algumas gotas d'água. Corte o queijo em fatias grossas e depois corte ao meio essas fatias. Tire a massa da caixa e abra sobre a bancada.

3. Disponha 2 pedaços de queijo sobre uma folha de massa, passe por cima um pouquinho de geléia e em seguida feche o pacote, usando o ovo batido como cola (você vai precisar de um pincel). Cuidado para não deixar buracos na massa senão o queijo pode vazar. Coloque os pacotinhos numa assadeira antiaderente e pincele mais ovo batido por cima. Asse por cerca de 10 minutos ou até a massa dourar. Sirva com a salada e o molho cremoso.

Salada de espinafre e uvas com vinagrete ao gergelim

***Sugestão de vinho:** Pinot Blanc da Alsácia, na França, ou um branco seco do Loire, também na França.*

Acredite se quiser: essa mistura de alhos com bugalhos resulta numa salada do tipo que ela vai querer repetir duas vezes. Não sei se é o tostadinho do gergelim, o geladinho da uva verde ou o crocante das nozes e das folhas, mas o fato é que esta é uma das saladas mais imperdíveis que já provei.

Ingredientes: (para 6 pessoas)

- 12 fatias de bacon
- 9 xícaras de folhas de espinafre (sem caules)
- 2 peras grandes
- 2 xícaras de uva verde sem sementes
- 1 xícara de nozes pecãs picadas grosseiramente
- 2 colheres (sopa) de manteiga
- 2 colheres (chá) de curry
- 2 colheres (chá) de açúcar mascavo

Para o vinagrete:

- 1 xícara de óleo de girassol ou amendoim
- 3 colheres (sopa) de gergelim
- 3 colheres (sopa) de vinagre de vinho branco
- 3 colheres (sopa) de mostarda Dijon
- 2 colheres (sopa) de mel
- sal

Como se faz:

1. Frite o bacon em fogo médio até ficar dourado e crocante. Tire do fogo, seque com papel absorvente e pique.

2. Toste as nozes no forno e, enquanto isso, aqueça a manteiga e o açúcar no microondas durante 30 segundos. Quando as nozes estiverem tostadas, misture-as com a pasta de manteiga, açúcar e curry. Salgue.

3. Faça o molho. Doure as sementes de gergelim no forno. Misture todos os ingredientes do molho, batendo vigorosamente com um garfo ou chicote até engrossar. Salgue.

4. Rasgue as folhas de espinafre maiores. Lave as uvas. Lave as peras e fatie fininho. Misture todos os ingredientes numa tigelona, delicadamente. Se for demorar para servir, deixe as fatias de pêra de molho em água fria e suco de limão, para não escurecerem. Tempere só na hora H, senão as folhas murcham, e com mão leve.

Salada caesar

Combina melhor com cerveja do que com vinho.

Saber preparar uma caesar é uma mão na roda. Dá pra servir a toda hora, em qualquer ocasião – desde um almocinho em família até um jantar formal para aquele seu chefe sem simancol. Se quiser servi-la como prato principal, basta colocar por cima pedaços de peito de frango ou salmão grelhados na chapa com azeite, sal e pimenta. Esta receita é a clássica americana, com croutons, parmesão e bacon bits (cubinhos de bacon crocantes). Se estiver de regime, elimine o bacon, que ela fica quase perfeita. Desde que, claro, você sirva assim que ficar pronta, senão as folhas chupam o molho e ficam molengas. Ah, outros dois conselhos: se estiver com pressa, substitua o parmesão em pedaço pelo ralado grosso que vem em pacotinho, e nunca use alface americana. Se não encontrar alface romana, substitua por outro tipo que também tenha folhas rugosas.

Ingredientes: (para 2 pessoas)

- 2 cabeças de alface romana
- 1 pedaço pequeno de queijo parmesão
- 2 xícaras de croutons comprados prontos
- 1 xícara de bacon picado

Para o molho:

- 1 dente de alho descascado e fatiado
- 3 anchovas em conserva
- 2 colheres (sopa) de suco de limão
- 1 colher (sopa) de maionese
- 4 colheres (sopa) de azeite extravirgem
- 2 colheres (sopa) de água
- sal e pimenta-do-reino

Como se faz:

1. Lave rapidamente as anchovas para tirar o excesso de óleo e escorra. Numa frigideira pequena, frite o bacon em fogo bem baixo para que solte a gordura, por cerca de 5 minutos. Escorra numa peneira metálica e jogue fora a gordura derretida.

2. Bata no liquidificador todos os ingredientes do molho na velocidade máxima, parando pra mexer de vez em quando, até que fique um creme homogêneo. Lave a alface e escorra. Pique-a com as mãos em pedaços médios.

3. Rale o queijo com um descascador de legumes para obter lâminas finas e reserve. Numa tigela grande, misture o molho à alface com cuidado e aos poucos, até que todas as folhas fiquem levemente cobertas, mas sem excesso. Salpique por cima os croutons, o bacon e o parmesão ralado.

Ministeaks de atum com molho

Sugestão de vinho: *Muscadet do Loire (branco francês), Torrontes (branco aromático argentino) ou saquê gelado.*

Ligeiramente japa, esta receita. Boa, leve, porém tem dois detalhezinhos meio incômodos: você vai ter que ir até uma peixaria decente comprar o atum, e vai ter que fritá-lo logo antes de servir, já que requentar, nem pensar. Sem estresse – isso vai tomar 5 minutos do seu tempo. E o molho você pode aprontar cedo e esquentar na hora, usando o microondas.

Ingredientes: (para 4 pessoas)

- 2 "bifes" de atum (cerca de 400 g no total), bem vermelhos,
- 2 talos de alho-poró
- 2 colheres (sopa) de shoyo
- 2 colheres (sopa) de suco de limão
- 2 colheres (chá) de óleo de amendoim
- 2 colheres (chá) de óleo de milho
- óleo pra fritar o peixe

Como se faz:

1. Corte os bifes pela metade, assim você terá 4 ministeaks. Corte a parte branca dos talos do alho-poró e jogue o resto fora. Fatie os 2 talos bem fininhos.

2. Faça o molho, misturando o shoyo, o limão e os óleos de milho e amendoim. Bata com um garfo.

3. Cubra o fundo de uma frigideira pesada com uma camada fina de óleo e esquente bem. Frite os 4 ministeaks, até que dourem dos dois lados. O truque é não bobear, deixar que peguem uma cor e só, senão ficarão borrachudos. Retire-os, coloque cada um num prato preaquecido.

4. Rapidamente, volte a mesma frigideira ao fogo com mais um pouquinho de óleo e o alho-poró. Assim que amolecer, coloque ao lado de cada ministeak. Regue cada prato com o molho (que você aqueceu no microondas, lembra?) e sirva rapidinho.

Salada de penne

***Sugestão de vinho:** Soave (branco fresquinho) ou Lacrima Christi, ambos italianos.*

Parece frescura, mas o que determina se essa salada sai ou não deliciosa é a qualidade da mussarela de búfala. Tem que ser daquela supermacia, bem fresca, que se acha nos melhores mercados. A mussarela de búfala comum, vendida a preço mais baixo, é borrachuda e sem gosto. Tome o cuidado de ver a data de fabricação, e se tiver sido feita há mais de 2 dias, não compre. Ah, se você quiser servi-la como prato principal num almoço de verão, também fica legal. Nesse caso, a mesma receita dá para 4 pessoas.

Ingredientes: (para 6 pessoas)

- 250 g de pennette (macarrão do tipo penne pequeno) ou, se não achar, penne normal
- 100 g de tomate-cereja bem maduro ou, melhor ainda, tomatinhos italianos
- 1 abobrinha média
- ½ xícara de azeite extravirgem
- 2 colheres (sopa) de vinagre de vinho
- 100 g de mussarela de búfala (2 ou 3 bolotas)
- 1 manga grande madura ou 2 pequenas
- 5 folhas grandes ou 10 pequenas de manjericão
- sal e pimenta-do-reino

Como se faz:

1. Fatie a abobrinha em viés, em rodelas finas. Pincele (ou passe com os dedos) um pouquinho de azeite nas rodelas, salgue-as e grelhe 1 ou 2 minutos de cada lado. Na falta de uma grelha, use uma frigideira bem quente. Cozinhe o macarrão até ficar *al dente*. Escorra bem e deixe esfriar naturalmente.

2. Corte os tomatinhos em metades e a manga e a mussarela em cubinhos. Pique as folhas de manjericão em pedacinhos, com as mãos.

3. Prepare o vinagrete: bata com um garfo o azeite e o vinagre até que a mistura emulsione (engrosse). Salgue e apimente.

4. Misture tudo com delicadeza e deixe descansar alguns minutos para a massa sugar um pouco do tempero.

Foie gras trufado no brioche

***Sugestão de vinho:** Mersault francês, espumante Chandon gaúcho, ou Chardonnay australiano ou californiano.*

Receita? Nem sei se esta entrada aqui pode ser chamada assim. Afinal de contas, não há nada a misturar, fritar ou cozinhar. Mas cuidado: as coisas que parecem mais simples podem falhar e sair uma caca se certos detalhezinhos passarem batido. Por exemplo: você sabe comprar um foie gras trufado? É bem diferente do foie gras fresco (o fígado do ganso em si, inteirinho da silva, vendido em raros e caros mercadinhos finos). O foie fras fresco custa uma verdadeira fortuna, é superdifícil de achar e encolhe pela metade na hora de fritar. É mais negócio comprar o fígado já na lata, com uma baita trufona preta no meio – aí é só abrir, fatiar e pronto! Mas não vale comprar patê de foie gras, que é o fígado misturado com *otras cositas*, bem menos nobre. Musse de foie gras, então, nem pensar. Ela está para o fígado propriamente dito assim como aquela caipirinha enlatada de gringo está para a verdadeira pinguinha de botequim. Sacou?

Ingredientes: (para 2 pessoas)

- 1 lata de foie gras trufado de boa qualidade
- 1 pão brioche
- 1 pé de alface lisa

Como se faz:

1. Com uma faca serrilhada, corte fatias finas de brioche (um tipo francês de pão, bem macio) e toste rapidamente no forno bem quente, numa assadeira, até dourarem ligeiramente. Se não achar brioche, substitua por pão italiano, mas neste caso, as fatias devem ser finíssimas.

2. Corte 2 fatias gordas de foie gras para você e 2 para ela e monte-as no centro de 2 pratos pequenos, sobre leitos de alface (use apenas as folhas clarinhas e macias do miolo). Sirva as fatias quentes de pão torrado numa cestinha.

Vichyssoise

Sugestão de vinho: Bordeaux branco e jovem ou Pinot Blanc da Alsácia, outra região francesa.

O nome complicado vem da palavra Vichy, o nome da cidade francesa onde inventaram essa sopa geladinha e deliciosa. Ela dá um ar elegante a qualquer refeição. Vai servir um jantar formal? Uma vichyssoise como entrada, servida em delicadas tigelinhas de louça, deixará seus convidados de queixo caído. O bom é que a mesmíssima receita pode se transformar no prato principal de um jantar íntimo numa noite fria, desde que seja esquentada e servida em pratos fundos de sopa, com croutons ou ervas frescas e picadas por cima e gordas fatias de baguete para acompanhar. Os ingredientes são poucos e fáceis de achar (na hora de aromatizar o caldo, use o que tiver na sua cozinha), e o modo de fazer é supersimples. Não tenha medo de requentar a sopa no dia seguinte – o tempo de geladeira deixa ela ainda melhor!

Ingredientes: (para 4 pessoas como entrada ou 2 como prato principal)

- 2 litros d'água
- 1 bouquet garni (nome empetecado dado a um maço contendo salsinha, louro e tomilho e amarrado com barbante)
- 4 talos de alho-poró
- 2 batatas grandes (ou 3 médias), noz moscada pra ralar, sal, pimenta-do-reino
- 1 colher (sopa) de molho inglês
- 250 ml de creme de leite fresco
- ciboulette ou salsinha bem picada pra decorar

Como se faz:

1. Ferva 2 litros d'água com o bouquet garni numa panela grande. Se não tiver essas ervas em casa, não faz mal. Junte à água 1 colher (sopa) rasa de cada erva seca disponível no seu armário. Pode ser manjericão, alecrim, manjerona, tomilho... Deixe ferver até que a água esteja escura como um chá. Leva pelo menos meia hora. Coe, jogue fora as ervas e volte o caldo à panela.

2. Corte em pedaços a parte branca dos talos de alho-poró e jogue fora as folhas. Corte também as batatas em pedaços. Deixe tudo cozinhar no caldo, até que as batatas estejam macias – leva cerca de 25 minutos. Bata com um pouco de caldo no liquidificador, em levas.

3. Volte esse creme à panela, coloque sal, pimenta-do-reino moída, gotas de molho inglês e 3 raladinhas de noz-moscada. Acrescente o creme de leite fresco. Mexa bem e não deixe mais levantar fervura, para não talhar e criar bolinhas.

OS PRATOS PRINCIPAIS

O que vai ser? Massa? Pato? Um peixinho, para manter a forma? Seja qual for o ingrediente principal, você deve achar uma receita aqui: frango, lombo de porco, vitela, espaguete, etc. Algumas delas são baba de fazer, como o steak au poivre ou o salmão com dill. Outras exigem mais tempo e paciência. É o caso do bœuf bourguignon (que, confesso, é o prato mais chatinho de fazer e trabalhoso deste livro). Mas, mesmo ele, não chega a ser nenhum bicho-de-sete-cabeças. Afinal de contas, cada receita que aparece aqui foi bolada para obter o máximo do sucesso com o mínimo de esforço. Uma horinha na cozinha e pronto: o banquete já pode ser servido. Divirta-se!

Conchiglie recheado e gratinado

Sugestão de vinho: Barbera d'Asti ou Chianti Classico (italianos tintos de médio corpo).

O macarrão do tipo conchiglie recheado e gratinado. Eis um prato perfeito para servir em casa para os amigos (a receita dá para dois a três – multiplique-a conforme o número de convivas). Por quê? Ao contrário de um espaguete ou macarrão tipo penne, não precisa ser feito na hora. Tem como deixar tudo no jeito um dia antes e só levar ao forno meia hora antes de servir. Sujeira zero. Por outro lado, conchiglie dá mais trabalho do que outras massas, porque têm que ser recheado. Você vai levar 1 hora e pouco para deixar tudo pronto. O consolo: vai aprender, por tabela, a fazer um molho de tomate superversátil, que combina com qualquer massa ou até carne.

Ingredientes: (para 2 pessoas)

- ½ cebola média
- 8 tomates grandes e bem vermelhos
- 1 cubo de caldo de galinha
- 300 g de ricota
- 100 g de nozes
- 150 g de parmesão ralado
- 20 folhas grandes de manjericão
- 6 colheres (sopa) de azeite extra-virgem
- 22 unidades de conchiglie (⅓ da caixa de 500 g)
- 3 colheres (sopa) de azeite comum
- sal

Como se faz:

1. Ferva água numa panela. Cozinhe os tomates por 20 segundos. Retire-os, tire a pele e corte-os em pedaços.

2. Pique bem a cebola e refogue-a no azeite comum. Acrescente os tomates e o cubo de caldo de galinha e tampe. A cada minuto, dê uma boa mexida. Em 10 minutos, irão desmanchar. Quando isso acontecer, bata-os com a colher de pau para terminar de desmanchá-los. Depois de 20 minutos, tire a tampa, abaixe o fogo e deixe o molho engrossar por mais 20 minutos. Salgue. Enquanto isso, ferva água em outra panela grande (com gotas de óleo e sal) para a massa.

3. Faça o recheio. Pique grosseiramente as folhas de manjericão e as nozes. Misture-as à ricota, salgue e apimente. Quando a ricota parecer uma farofa grossa, acrescente o azeite para dar liga.

4. Acenda o forno. Cozinhe o conchiglie até ficar bem *al dente* (experimente um). Escorra. Descarte aqueles que se desfizerem. Recheie os restantes com a mistura de ricota e coloque num refratário. Enquanto isso, mexa o molho a cada 2 minutos.

5. Despeje o molho sobre a massa e salpique o parmesão por cima. Gratine. Assim que dourar, está pronto.

Risoto com açafrão e bifinhos de mignon

Sugestão de vinho: Cabernet Sauvignon californiano ou chileno, ou Barolo italiano.

Que tal aprender, de uma vez por todas, como fritar um bifinho impecável? Eis aqui o método mais eficaz de todos. Mas é bom avisar: por mais que siga instruções, você é capaz de errar o ponto na primeira vez. Faz parte. Como tudo na cozinha, vai ficando mais fácil com a prática. Já o risoto é mais simples de acertar. Um minuto a mais ou a menos não estragam o resultado final. Para facilitar, deixe-o quase pronto, com o fogo desligado, até a hora do jantar. Aí, finalize-o e frite os bifinhos. Pensando bem... é melhor você treinar esse jantar uma vez antes de convidar alguém especial. Que tal seu primo mala?

Ingredientes: (para 2 pessoas)

- 190 g (1 xícara) de arroz italiano para risoto, tipo carnaroli ou arborio
- 100 g (meia barra) de manteiga
- ½ cebola grande picada
- 1 xícara de vinho branco seco
- 4 colheres (sopa) cheias de parmesão ralado
- 1 pitada de fios de açafrão
- 1 cubo de caldo de galinha
- 4 bifinhos de mignon com cerca de 8 cm de diâmetro (peça para o açougueiro cortar da ponta de uma peça)
- 1 colher (sopa) de manteiga
- 2 colheres (sopa) de óleo
- sal e pimenta-do-reino

Como se faz:

1. Ferva 1 litro de água com o cubo de caldo. Derreta metade da manteiga numa panela grande (com uma gota de óleo) e nela refogue a cebola. Junte o arroz — sem lavá-lo — e deixe fritar cerca de 1 minuto em fogo alto.

2. Regue com o vinho branco e deixe o álcool evaporar, sempre mexendo. Adicione o caldo de carne aos poucos, concha a concha, conforme o líquido for secando. Vá experimentando até ver se o arroz está ficando *al dente* — deve levar quase 20 minutos.

3. Esquente uma frigideira pesada. Despeje o óleo. Salgue e apimente os bifes e frite-os por dois minutos de cada lado, com metade da manteiga.

4. Se o risoto estiver seco, acrescente um pouquinho de caldo, e mantenha o fogo bem baixo. Na hora de servir, acrescente o resto da manteiga e metade do parmesão (a outra metade vai à mesa) e mexa bem.

Papardelle com ervilhas e bacon

Sugestão de vinho: Soave ou Chardonnay italianos.

Estranhou a combinação? Pois pode acreditar que fica ótima. Quem não arrisca não petisca! O molho, apesar de cremoso, é bastante leve porque é feito sem creme ou farinha. As folhas de hortelã e o bacon dão o crocante. Os ingredientes são todos fáceis de encontrar, e o processo não vai lhe tomar mais do que 40 minutos. E atenção: é importante misturar o molho e a massa só na hora de servir.

Ingredientes: (para 4 pessoas)

- 400 g de papardelle
- 400 g de bacon com mais carne (cor-de-rosa) do que gordura (branca)
- 30 folhas frescas e grandes de hortelã
- 1 xícara de leite integral
- 1 colher (sopa) de manteiga
- 1 cebola pequena
- 1 xícara de ervilhas congeladas (Bonduelle, de preferência)
- 1 xícara de ervilhas em conserva enlatadas (importadas, de preferência)
- 200 g de queijo parmesão em pedaço, sal, pimenta-do-reino
- 1 colher de óleo

Como se faz:

1. Rale o parmesão. Descongele a ervilha. Corte o couro debaixo e a casca grossa de cima e toda a gordura excedente do bacon. Pique o restante em cubinhos bem pequenos. Frite o bacon em fogo médio, numa frigideira de fundo grosso. O bacon já está pronto, criou uma crostinha dourada? Então tire do fogo e coe numa peneira metálica para tirar a gordura excedente. Jogue essa gordura fora e reserve o bacon.

2. Na mesma frigideira (não precisa lavar), refogue a cebola — já picada — na manteiga. Assim que a cebola estiver translúcida, acrescente as ervilhas – reserve 1 colher (sopa) da ervilha congelada pra decorar – e o leite. Refogue até que comece a ferver. Salgue e apimente. Bata no liquidificador.

3. Ferva um panelão de água. Salgue e pingue óleo. Cozinhe o papardelle. Lave as folhas de hortelã e pique-as grosseiramente.

4. Quando a massa estiver *al dente*, escorra. Misture com o bacon, o hortelã e a pasta de ervilhas. Salpique por cima as ervilhas inteiras (esquente rapidinho num pouco de água salgada no microondas) e o queijo parmesão ralado (do italiano, por favor!).

Spaghettini com mussarela de búfala e tomates

Sugestão de vinho: Valpolicella italiano ou Pinot Noir californiano.

Quem lê esta receita pensa: ih, que fácil! Mas cuidado: este prato é maravilhoso, mas pode ser estragado num segundo. O segredo? Nunca cozinhar o azeite extravirgem, nem a mussarela. E comprar azeite extravirgem mesmo, italiano ou espanhol, e mussarela da boa, bem fresca e macia, daquela que quase desmancha na hora de ser fatiada. Na hora de escolher os tomates, também não dá para levar qualquer um. Eles têm que ser bem vermelhos e maduros. É uma massa que tem tudo a ver com a tradição italiana que diz: compre os melhores ingredientes possíveis, e deixe que eles façam a mágica por você!

Ingredientes: (para 2 pessoas)

- 250 g de mussarela de búfala (3 ou 4 bolotas)
- 150 g de rúcula (precoce, de preferência, que tem folhas mais tenras)
- ½ cebola picada
- 3 tomates grandes e maduros
- 100 ml de azeite extravirgem
- 3 colheres (sopa) de azeite comum
- sal
- ½ cubo de caldo de galinha

Como se faz:

1. Ferva água numa panelona, pingue óleo e salgue. Corte a mussarela em fatias gordas.

2. Refogue a cebola em azeite comum. Quando estiver dourada, junte os tomates, cortados em cubos, e o caldo de galinha. Refogue mais 3 minutos e desligue o fogo. Acrescente o azeite extravirgem, misture e tampe.

3. Cozinhe a massa até que esteja *al dente*. Escorra e imediatamente misture numa tigela a massa e o molho. Disponha as fatias de mussarela por cima e sirva.

Espaguete à carbonara

Sugestão de vinho: Chardonnay chileno ou californiano.

O espaguete à carbonara é um clássico irresistível, como bife com fritas ou risoto de frutos do mar. E leva poucos ingredientes, fáceis de achar. Mas atenção: essa massa é como areia movediça. Quando parece estar quase pronta, pode afundar o mais experimentado dos cozinheiros. Explicando melhor: o carbonara é simples até a hora da finalização, quando se devem acrescentar os ovos. Acompanhe no passo a passo como fazer pra que eles não virem ovos mexidos, e o seu prato, um fiasco. Prestando muita atenção às instruções no final, essa massa fará qualquer garota lamber os beiços. Boa sorte!

Ingredientes: (para 2 pessoas)

- 1 pedaço de bacon de 350 g com mais carne (cor-de-rosa) do que gordura (branca)
- 2 dentes de alho
- 200 g de queijo parmesão
- 2 ovos, sal, pimenta-do-reino
- 1 colher de óleo
- 300 g de espaguete

Como se faz:

1. Corte o bacon, retirando o couro debaixo e a casca grossa de cima e toda a gordura excedente. Pique o bacon restante em tirinhas bem curtas e finas. Em seguida, pique 2 dentes de alho bem miudinho (antes, descarte aquele brotinho que há no miolo de cada dente).

2. Coloque o bacon para fritar lentamente numa frigideira (ou panela rasa) pesada, em fogo brando. Encha um panelão com água e leve ao fogo alto. Quando ferver, salgue e pingue um pouquinho de óleo.

3. Rale o parmesão. Encha a queijeira que vai à mesa e reserve o resto. Quebre os ovos numa tigela. Bata-os até espumarem. Acrescente 2 colheres de queijo ralado bem cheias e pitadas de pimenta-do-reino. Bata vigorosamente.

4. Verifique o bacon, mexendo de vez em quando. As tirinhas encolhem bastante e soltam muita gordura. Se o bacon já estiver crocante (leva de 15 a 20 minutos), coloque o espaguete para cozinhar na água fervente. Tire o bacon do fogo e descarte toda a gordura excedente. Volte o bacon ao fogo bem baixo, com o alho picado.

5. Quando o macarrão estiver *al dente*, escorra a água. Desligue o fogo do bacon. Imediatamente, misture o macarrão, o bacon e o queijo com ovos. Verifique o sal — se preciso, acrescente algumas pitadas. Sirva no mesmo minuto.

Salmão com dill e cabelo de anjo

***Sugestão de vinho:** Borgonha branco e fino, como Chablis grand ou Mersault.*

De tão leve, esse prato parece que flutua! Sem brincadeira: os sabores são sutis, do jeito que ela, com certeza, gosta. No final do jantar, vocês vão se sentir leves. Tão leves que vão até querer cair de boca numa sobremesa daquelas bem gulosas!

Ingredientes: (para 4 pessoas)

- 1 pedaço de 600 ou 700 g de salmão
- 1 maço de dill (endro)
- 6 pés de cebolinha
- 2 colheres (sopa) de conhaque
- 1 barra de 200 g de manteiga
- 4 "ninhos" de cabelo de anjo (200 g mais ou menos)
- 4 colheres (sopa) de suco de limão
- noz-moscada, sal e pimenta-do-reino.

Como se faz:

1. Lave as ervas. Corte e jogue fora as raízes e o talo branco da cebolinha e pique o resto em rodelinhas. Pique o dill grosseiramente.

2. Corte o salmão em 4 pedaços iguais. Forre uma assadeira com um pedaço bem grande de papel-alumínio, o suficiente para sobrar dos lados. Disponha os pedaços de salmão sobre o alumínio. Cubra cada filé com 1 colher (sopa) de manteiga. Salpique cebolinha e dill picados, metade do conhaque, metade do suco de limão, sal, pimenta e algumas raladinhas de noz-moscada. Feche o alumínio como se fosse um embrulho. Leve ao forno quente e preaquecido por cerca de 18 minutos.

3. Derreta o resto da barra de manteiga em fogo bem baixo. Quando estiver líquida, acrescente a cebolinha e o resto do conhaque, um pouco de sal e pimenta, e deixe essa mistura pegando gosto, com o calor bem baixo. Em outra panela, ferva água. Salgue a água e cozinhe a massa até ficar *al dente*.

4. Escorra o cabelo de anjo e despeje sobre a manteiga aromatizada. Misture bem, adicione o resto do suco de limão e do dill picado e ajuste o sal e a pimenta. A essa altura, o peixe deve estar pronto. Tire do forno e sirva os filés sobre a massa. Despeje o líquido que sobrar no alumínio numa molheira. Enfeite com raminhos de dill e pedaços de limão.

Risoto de presunto cru com camarões

Sugestão de vinho: Dão ou Bairrada portugueses (tintos bem encorpados).

Camarões sempre fazem vista. Especialmente estes, servidos com um risoto incomum, de alface e presunto. É uma combinação estranha, porém deliciosa, que casa o salgadinho do presunto, a crocância do alface e a carne suculenta dos camarões. Sucesso garantido, prometo.

Ingredientes: (para 2 pessoas)

- 6 camarões gigantes (sem a tripazinha preta, com os rabinhos)
- 1 pacote pequeno de farinha de rosca
- 1 xícara de vinho branco seco
- 3 colheres (sopa) de azeite
- 100 g de presunto cru
- 1 pé de alface
- 150 g de arroz vialone nano ou carnaroli (italiano)
- 1 litro de óleo (milho ou girassol)
- 2 colheres (sopa) cheias de cebola bem picada
- 1 cubo de caldo de carne
- 1 litro de água
- 1 colher (chá) de erva seca (manjericão e/ou tomilho)

Como se faz:

1. Lave a alface. Enrole as folhas como se fossem um charutão, e corte em tirinhas. Faça o mesmo com o presunto. Ferva a água com o caldo de carne e as ervas.

2. Refogue a cebola no azeite, até que fique translúcida. Acrescente o arroz. Refogue, mexendo sempre. Despeje o vinho branco. Mexa bem. Acrescente 2 conchas de caldo.

3. Lave os camarões, salgue-os e passe-os na farinha de rosca. Esquente o óleo numa frigideira funda ou panela de ferro. Teste a temperatura jogando um pedacinho de pão. Está no ponto quando borbulhar e o pão boiar. Enquanto isso, vá acrescentando caldo ao risoto, mexendo sempre.

4. Frite os camarões, de três em três. Pra não ficarem borrachudos, não deixe que encolham demais. As duas pontas (cabeça e rabo) não podem se encontrar. Eles têm que ficar em formato de lua, não de círculo. Vá tirando-os do óleo e secando com papel absorvente.

5. Abaixe o fogo do risoto e coloque o caldo bem aos pouquinhos, experimentando o ponto do arroz. Assim que estiver *al dente*, junte a alface e mexa bem. Desligue o fogo, e junte o presunto. Sirva com os camarões em volta.

Moqueca leve de peixe

Sugestão de vinho: Pinot Grigio italiano, Chardonnay chileno ou californiano.

Não é todo mundo que topa almoçar uma moqueca daquela arretada, repleta de dendê e coentro. Por isso mesmo, quem prefere não arriscar deve seguir essa receita aqui, menos autêntica porém mais fácil de agradar a todos. Faça arroz para acompanhar – ou, como nunca canso de sugerir, peça à sua empregada que já deixe pronto um dia antes. Um pouco de farinha de mandioca crua, pra chupar o molho, e uma pimentinha da boa também caem superbem. Quanto ao peixe, prefira um tipo que tenha carne mais firme, como mero ou robalo. Você pode também substituir o peixe pelo camarão limpo e descascado – que é melhor porque não tem espinhas. O problema é que o preço se multiplica por quatro!

Ingredientes: (para 6 pessoas)

- 2 kg de peixe em posta
- suco de 1 limão grande
- 1 maço de salsinha ou coentro picado
- 10 tomates grandes e maduros
- 1 pimentão vermelho
- 1 pimentão amarelo
- 1 cebola grande bem picada
- 1 xícara de azeite
- 5 colheres (sopa) de dendê
- 200 ml de leite de coco

Como se faz:

1. Lave as postas de peixe na água fria e tempere com o suco de limão e metade da salsinha. Queime os 2 pimentões diretamente na chama do fogão, segurando-os com o garfo mais comprido que você encontrar. Vá virando até que fiquem pretos por fora. Lave-os na água fria, tirando a pele queimada e as sementes. Pique.

2. Corte cada tomate em 8 pedaços. Ponha para esquentar numa panela bem grande o azeite e o dendê. Refogue a cebola até murchar. Acrescente o tomate e os pimentões. Deixe cozinhar tampado até o tomate desmanchar, o que leva cerca de meia hora.

3. Pouco antes de servir, acrescente o peixe. Deve levar 5 minutos para cozinhar. Quando as postas se desmancharem facilmente com um garfo, está pronto. Acrescente o leite de coco e o resto da salsinha picada, espere ferver e sirva.

Posta de peixe na grelha com ratatouille

Sugestão de vinho: brancos rústicos do sudoeste da França (Juraçon ou Bergerac secos, por exemplo).

É raro o cara que sabe fazer um peixe gostoso para a namorada. Massas e risotos sempre parecem mais fáceis. Só parecem, viu? Este prato é tão simples que pode ser feito por qualquer cozinheiro de primeira viagem. O nome oficial dos legumes – ratatouille – quer dizer que eles são assados lentamente com azeite e temperos. Ficam uma delícia, duram alguns dias na geladeira e combinam estupendamente com peixe. Por falar em peixe, é crucial escolhê-lo direito. Tem que ser um de carne firme, como congrio, mero ou badejo. Comprar aqueles filés já embalados em bandejinhas de isopor, nem pensar. Peça para o peixeiro cortar as postas na hora, e não vacile: no dia seguinte, ele já não vai estar tão bom. Peixe é como mulher: quanto mais rápido for do gelo ao fogo, melhor!

Ingredientes: (para 2 pessoas)

- 2 postas grandes de peixe
- ½ xícara de suco de limão
- ¼ de xícara de shoyo
- 2 colheres (sopa) de manteiga
- 1 colher (sopa) de salsinha picada
- 3 colheres (sopa) de cebola picadinha.

Para a ratatouille:

- 3 tomates grandes e maduros
- 1 batata grande
- 1 cebola grande
- 3 colheres (sopa) de azeite
- 1 colher (sopa) de vinagre balsâmico
- sal e pimenta-do-reino

Como se faz:

1. Lave a batata e os tomates, descasque a cebola. Pique tudo em cubos grandes. Coloque a batata e a cebola numa assadeira, regue com o azeite e o balsâmico, salgue e asse em forno médio por 45 minutos. Mexa a cada 15 minutos. Depois de 45 minutos, acrescente os tomates e asse por mais meia hora.

2. Lave o peixe na água fria e seque com papel absorvente. Refogue a cebola picada na manteiga, em fogo baixo, por uns 10 minutos. Junte o shoyo e o limão, dê uma mexida e desligue o fogo. O molho está pronto, basta reaquecer no fogão ou microondas na hora de servir.

3. Esquente uma frigideira ou chapa antiaderente. Pingue o óleo e, quando estiver pelando, coloque as postas de peixe. Doure de um lado e, cerca de 4 minutos depois, vire as postas e frite por mais 4 minutos. Para checar o ponto do peixe, experimente um pedacinho ou dê uma furada nele. Se estiver meio translúcido por dentro, ainda está cru. Assim que ele se desmanchar facilmente quando cutucado com um talher, está no ponto.

Mero à portuga

Sugestão de vinho: Mersault francês ou Bairrada branco português.

Você gosta de bacalhau? Então vai adorar este prato. Ao invés de usar o verdadeiro bacalhau, que dá um trabalho danado e custa caríssimo, compre mero ou qualquer outro peixe de carne branca e firme. O resultado final desta receita lembra muito uma bacalhoada – só que você não vai precisar perder horas dessalgando o peixe seco. Os sabores se misturam todos no forno, você não vai ter que cozinhar nada – é só deixar o peixe montado e, na hora em que a convidada chegar, colocar para assar. Sirva com arroz e/ou com as batatinhas coradas da receita de carré de cordeiro da página 59.

Ingredientes: (para 2 pessoas)

- 2 filés grandes (ou 600 g) de mero
- 4 ovos
- 3 tomates
- 2 cebolas médias
- 2 dentes de alho
- 2 colheres (sopa) de farinha de rosca (opcional)
- 1 xícara de azeitonas verdes sem caroço
- 1 folha de louro
- sal e pimenta

Como se faz:

1. Cozinhe os ovos em água numa panela pequena (para não chacoalharem demais) durante uns 10 minutos. Assim que tirar do fogo, passe-os em água fria da torneira — isso impede que eles fiquem com aquele círculo escuro em volta da gema, sabe?

2. Pique o alho. Fatie os tomates e as cebolas superfino, o mais fino que você conseguir. Fatie também os ovos.

3. Numa cumbuca que possa ir ao forno, daquelas de assar suflê, monte o prato em camadas. Primeiro, uma camada de cebola; segundo, uma de tomates. Aí vem metade das azeitonas e em seguida, o peixe. Salgue e apimente, e continue. Espalhe o alho picado sobre o peixe e recomece as camadas, terminando com os ovos. Salgue e apimente de novo. Salpique a farinha de rosca por cima e asse por meia hora em forno bem quente.

Camarão picante no wok

Sugestão de vinho: Muscat seco da Alsácia ou Bordeaux branco.

Vou ser sincera: este prato é rápido de fazer mas exige do cozinheiro certa habilidade. Tem que ser preparado na hora, e num wok – aquela frigideirona chinesa em forma de tina. E você tem que manejar o tal wok ao mesmo tempo que frita os camarões. Para evitar qualquer desastre, faça o arroz bem antes (ou, melhor ainda, peça à sua empregada que deixe pronto!). Se se sentir seguro o suficiente, faça o esquema de duas panelas simultâneas. Senão, frite o camarão antes, guarde num prato coberto com papel-alumínio, e na hora H você só vai ter uma panela para manejar. Aí basta jogar os camarões na mistura de legumes por alguns segundos bem no final para que voltem a esquentar. Mais um conselho: seja criativo. Se não gosta de coentro, use salsinha, se não achou o tal molho de ostras, substitua por uma colher a mais de shoyo. O importante é não deixar passar do ponto, para que o prato fique crocante.

Ingredientes: (para 4 pessoas)

- 1 kg de camarão (ou 20 camarões grandes)
- 2 xícaras de cogumelos frescos picados grosseiramente
- 1 xícara de brotos de feijão
- 1 dente de alho
- 2 colheres (sopa) cheias de coentro picado
- 2 colheres (sopa) rasas de gengibre picado
- 1 colher (sopa) rasa de cebolinha picada
- 4 colheres (sopa) cheias de salsão em fatias finas
- suco de 1 limão
- 1 colher (sopa) de shoyo
- 2 colheres (sopa) de molho de ostras (à venda em mercadinhos orientais ou em mercearias chiques)
- 1 colher (sopa) rasa de maisena
- 1 xícara de saquê ou vinho branco seco
- 1 colher (sopa) de óleo de gergelim
- sal

Para o arroz

- 1 colher (sopa) cheia de cebola bem picada
- 2 colheres (sopa) de óleo ou azeite
- 2 xícaras de arroz agulhinha
- 4 xícaras d'água

Como se faz:

1. Lave o arroz pelo menos durante 5 minutos sob água corrente até que pare de soltar amido e deixe secar sozinho, sobre a pia. Em seguida, pique tudo o que tem que ser picado: o gengibre (que não deve ser ralado, senão forma água) o coentro, os cogumelos, a cebola, a cebolinha e o alho (não se esqueça de tirar a alma, aquele fio que fica no centro do dente). Lave os camarões (peça para os caras do supermercado descascá-los e limpá-los) e os brotos de feijão. Coloque os camarões de molho no suco do limão. Dilua a maisena no vinho ou saquê, mexendo com uma colher.

2. Faça o arroz. Refogue a cebola no óleo até ficar translúcida. Coloque o arroz na panela e deixe fritar por uns 2 minutos. Acrescente a água, misture e tampe a panela deixando uma fresta. Preste atenção: em cerca de 7 minutos boa parte da água secará e o arroz terá formado "furos". Abaixe o fogo — deixe o mais baixo possível — e espere que o arroz ficará pronto sozinho depois de uns 8 minutos. Desligue o fogo e deixe o arroz "descansando" mais alguns minutos.

3. Escorra os camarões numa peneira. Aqueça uma frigideira grande e de fundo grosso com um pouco de óleo. Frite rapidamente a primeira metade dos camarões, só por 1 minuto de cada lado, até que fiquem curvados e dourados mas não totalmente enrolados. Vá tirando um a um da frigideira, conforme estejam ficando prontos.

4. Quanto começar a colocar a segunda leva de camarões para fritar, ligue outra boca do fogão e aqueça o wok com um pouco de óleo. Coloque para fritar os cogumelos, os brotos de feijão, a cebolinha e o salsão. Enquanto isso, vá virando os camarões. Os legumes devem soltar um pouco de água e, depois de 2 minutos, devem secar. Essa é a hora de acrescentar o vinho com maisena e o alho picado. Mexa vigorosamente. A mistura vai começar a engrossar rapidamente. Depois de 2 minutos, adicione o molho de ostras, o shoyo e o coentro. Dê mais duas mexidas e desligue o fogo. Jogue os camarões fritos nessa mistura (exceto 6 deles) e mexa bem. Despeje numa travessa bonita, enfeite com os camarões restantes e sirva o arroz à parte.

Peixe assado com farofa e molho delícia

Sugestão de vinho: Chardonnay italiano ou Sauvignon Blanc californiano.

Eis o grande clássico pós-praia. Quer melhor do que um peixinho bem temperado com uma bela farofa e uma cervejota gelada no último? Por falar em farofa, é bom deixar claro desde já que a melhor é sempre a mais politicamente incorreta. Ou seja: quanto mais manteiga, mais gostosa fica, bem molhadinha. Já o peixe, serve qualquer um que esteja com cara e preço bons na peixaria. O importante é não deixar que ele resseque. Para isso, é preciso ficar de olho. Cheque de 15 em 15 minutos se a carne já está se soltando facilmente com o toque de um garfo – o que significa que está pronto pra ir à mesa.

Ingredientes: (para 4 pessoas)

- 1 peixe grande de cerca de 3 kg
- 200 g de manteiga sem sal
- ½ kg de farinha de mandioca crua
- sal e pimenta

Para o molho:

- 100 g de manteiga sem sal
- 1 xícara de molho de soja
- 1 xícara de água fria
- suco de ½ limão;
- 1 colher de (sopa) de salsinha picada

Como se faz:

1. Preaqueça o forno (fogo médio). Lave o peixe com água fria e seque com papel absorvente (você, que é esperto, já terá pedido na peixaria para tirarem os miúdos e as escamas, claro). Salgue e apimente e, se tiver alguma erva fresca na geladeira, enfie dentro da barriga do bicho. Coloque 3 pedacinhos de manteiga por cima e leve ao forno.

2. Enquanto o peixe assa, faça a farofa. Derreta a manteiga numa frigideira grande, verta a farinha sobre ela e mexa sempre em fogo médio até que fique bem dourada. Leva pelo menos 10 minutos. Salgue com cuidado. Se quiser, acrescente salsinha, cebolinha, ovo cozido picado ou o que sua criatividade mandar.

3. Faça o molho. Derreta a manteiga numa panela junto com a água. Quando ferver, tire do fogo e acrescente o suco de ½ limão grande, o molho de soja e a salsinha bem picadinha. Cubra com papel-alumínio para não esfriar até a hora em que o peixe estiver pronto, o que pode levar de 15 a 40 minutos, dependendo do tamanho dele e do forno.

Frango com crosta de nozes e estragão e ervilhas

Sugestão de vinho: Chardonnay australiano ou tintos franceses da região do Loire, como Baurgueil e Saumur.

Que sucesso faz esta receita! A crosta protege e dá gosto ao frango, e a ervilha do acompanhamento combina perfeitamente, dá um contraponto bem crocante. Este é um prato que pode ser servido num jantar para amigos, desde que você não se incomode de ir para a cozinha na hora H, já que o frango não pode de jeito nenhum ser frito com antecedência.

Ingredientes: (para 4 pessoas)

- 1 kg de peito de frango limpo e sem pele
- 500 g de ervilha torta
- 150 g de nozes pecã sem casca
- 3 colheres (sopa) cheias de gergelim branco
- 3 colheres (sopa) cheias de estragão seco
- 1 barra de manteiga (200 g)
- sal e pimenta

Como se faz:

1. Limpe a ervilha e tire o fiozinho que corre na lateral. Corte o frango em pedaços médios, de cerca de 2 cm de largura. Pique as nozes. Acrescente o gergelim e o estragão e pique mais um pouco, até obter uma farofa grossa. Salgue generosamente e apimente.

2. Empane os pedaços de frango com essa farofa, apertando bem com os dedos. Corte ¼ da barra de manteiga e aqueça com gotas de qualquer óleo numa frigideira.

3. Quando estiver quente, frite o frango — mas não coloque mais do que 6 pedaços na frigideira de uma vez. É muito importante usar uma frigideira ou panela bem pesada, de preferência de ferro, que distribui melhor o calor e impede que o frango queime de repente. Conforme os pedaços dourarem de um lado, vire-os para dourarem do outro lado. Enquanto isso, aqueça outro quarto da barra de manteiga numa panela, acrescente a ervilha e tampe. Mexa a cada 2 minutos. Em 10 minutos estará pronta, *al dente*. Aí basta salgar.

4. Coloque os pedaços de frango já fritos numa travessa aquecida, jogue fora a farofa que ficar na frigideira e queimar, coloque mais manteiga com óleo e continue fritando até terminarem os pedaços. Monte a ervilha na mesma travessa, ao redor do frango, e *voilá*!

Frango chinês com caju e conhaque

Sugestão de vinho: branco da Borgonha ou Riesling da Alsácia. Cerveja combina ainda mais.

O bom da comida chinesa é que eles fazem quase tudo vapt-vupt, sauté no wok (frigideirona de ferro côncava). Não tem aquela história de passar horas na cozinha. Mas essa pressa tem um lado perigoso: tudo acontece tão, mas tão rapido, que quando você for ver, o frango pode ter passado do ponto e ficado borrachudo. Não durma no ponto, hein?

Ingredientes: (para 4 pessoas):

- 4 peitos de frango desossados
- 2 colheres (sopa) de conhaque
- 1 colher (sopa) de shoyo
- 4 colheres (sopa) de óleo de milho ou girassol
- 1 pé de alface americana
- 1 xícara de castanha de caju
- 1 colher (sopa) de gengibre ralado
- 1 pimentão vermelho limpo e cortado em cubinhos

Para o molho:

- 1 colher (sopa) de shoyo
- 2 colheres (sopa) de molho de ostras (se não achar, dobre a quantidade de shoyo)
- 1 colher (sopa) de conhaque
- 1 colher (chá) de amido de milho,
- 1 colher (sopa) de água fria

Como se faz:

1. Corte o frango em cubos bem grandes e deixe marinando com o conhaque, o shoyo metade do óleo, por pelo menos 20 minutos.

2. Misture todos os ingredientes do molho e reserve. Asse em forno quente ou toste os cajus numa frigideira, até que dourem.

3. Escorra o frango e reserve o líquido da marinada. Esquente o óleo num wok (ou, pra quem não tiver um, uma frigideira grande e alta). Aumente bem o fogo e frite os pedaços de frango até que dourem. Retire da frigideira e reserve.

4. Verta o resto do óleo na mesma frigideira, abaixe o fogo e frite o pimentão, durante 2 minutos. Acrescente o gengibre, o líquido da marinada e os ingredientes do molho. Assim que começar a engrossar, acrescente os pedaços de frango e o caju torrado, esquente e sirva com arroz branco.

Nuggets de frango com risoto de arpargos

Sugestão de vinho: Soave (branco fresquinho) ou Breganze (tinto), ambos italianos.

Quer saber a verdade? Esta receita foi publicada na *VIP* originalmente usando miolos de bode, e não frango, para fazer os nuggets. O risoto, além dos aspargos, levava (uia!) olhos de cabra. Tudo pra tirar sarro dos participantes do primeiro programa "No Limite", que acabava de passar na televisão. Agora, a receita surge transformada. Foram-se os ingredientes nojentos, ficou a idéia bacana de contrastar o crocante de um bom franguinho à milanesa e dos aspargos *al dente* com a cremosidade do risoto.

Ingredientes: (para 2 pessoas)

- 1 ½ xícara de vinho branco seco
- 2 peitos de frango
- 10 a 12 aspargos frescos
- 1 xícara de arroz italiano (arborio ou carnaroli)
- 1 litro de água
- 1 colher (chá) de manjerona
- 1 colher (chá) de alecrim
- ½ cebola média, bem picada
- 250 g de farinha de rosca
- óleo vegetal pra fritar
- 1 ovo
- 1 dente de alho
- suco de 1 limão
- 1 cubo de caldo de galinha
- 200 g de parmesão ralado
- sal e pimenta-do-reino

Como se faz:

1. Corte o frango em pedaços. Deixe marinando na geladeira por 1 hora com o limão, sal, pimenta-do-reino e o dente de alho cortado em dois. Lave os aspargos, e descarte a parte mais grossa do talo. Ferva a água, com o caldo de galinha e as ervas. Coe, jogue fora as ervas e volte o caldo ao fogo. Ferva mais água em outra panela. Nela escalde os aspargos (ou seja: mergulhe por 1 minuto na água pelando). Reserve.

2. Quebre o ovo num prato fundo e bata com um garfo até espumar. Em outro prato, despeje a farinha. Retire o frango da geladeira, escorra e passe no ovo e depois na farinha.

3. Refogue a cebola em manteiga. Quando dourar, junte o arroz e refogue por 1 minuto. Acrescente o vinho branco, mexa bem e deixe o álcool evaporar. Quando secar um pouco, comece a colocar o caldo, de concha em concha, mexendo sempre.

4. Enquanto isso, frite os pedaços de frango em óleo pelando até que fiquem bem dourados. Retire, seque com papel absorvente e salgue. Quando o arroz estiver *al dente*, deixe secar um pouco o caldo, mexendo sempre, e acrescente os aspargos, reservando 2 ou 3 pra decorar. Leve parmesão ralado à mesa.

Boeuf bourguignon

Sugestão de vinho: tinto da Borgonha, Côtes-du-Rhône ou Chianti Classico.

O.k., eu confesso: este prato aqui não é pra qualquer bico. Tem que ter paciência para esperar a carne cozinhar devagarinho, e tem que ter um panelão grande em casa. Em compensação, é um senhor banquete, daqueles à moda antiga, com gosto de comida de avó. No dia seguinte, então... fica ainda mais delicioso, servido com arroz branco e soltinho.

Ingredientes: (para 6 pessoas)

- 500 g de músculo ou qualquer outra carne que seja entremeada de gordura
- 1 colher (sopa) de farinha de trigo
- 10 fatias de bacon
- 6 cenouras pequenas
- 1 cebola
- 2 garrafas de vinho tinto seco
- 2 colheres (sopa) de manteiga
- 1 colher (sopa) de açúcar
- 1 xícara de óleo de milho ou girassol
- 36 cebolinhas miúdas (se não achar, use 4 cebolas comuns cortadas em pedaços grandes)
- 1 folha de louro
- 2 dentes de alho
- 200 g de cogumelos em conserva
- sal e pimenta-do-reino

Como se faz:

1. Corte a carne em cubos grandes e salpique sal, pimenta e farinha. Sacuda até que a farinha grude na carne. Cubra com óleo o fundo de uma panela bem grande. Doure metade da carne — evite virar muito, senão demora mais. Retire e reserve. Repita o processo com a segunda metade da carne.

2. Pique as fatias de bacon, as cenouras e a cebola grande em pedaços pequenos. Volte o panelão ao fogo com o bacon. Depois que dourar e soltar sua gordura, acrescente a cebola e as cenouras. Continue fritando e, se grudar, acrescente 1 colher de manteiga. Junte o vinho e a carne. Cozinhe por 2 horas em fogo médio, semi-tampado.

3. Escalde as cebolinhas em água fervente por 1 minuto, escorra na água fria e descasque. Esquente a manteiga com uma gota de óleo numa panela. Adicione as cebolinhas e doure. Quando estiverem bem coradas, acrescente o açúcar e 1 xícara de água. Ferva sem a tampa em fogo alto por 5 minutos. Escorra e descarte o caldo.

4. Depois de 2 horas, prove a carne, e se ainda não estiver macia, cozinhe mais um pouco. Retire a gordura de cima do caldo com uma concha. Sirva pelando com as cebolinhas e os cogumelos.

Steak au poivre

Sugestão de vinho: Rioja espanhol, Barolo italiano ou Cabernet Sauvignon californiano.

Steak au poivre – assim mesmo, com esse nominho metido a besta e difícil de pronunciar – é um superprato. Delicioso, apimentado, bonito de ver. E impressiona a mulherada. O que a sua convidada não sabe é que leva meros 10 minutos para preparar! Desde que você compre o filé mignon já limpo e cortado em bifes altos, e peça à sua empregada para cortar as batatas em palitos e deixá-las de molho em água fria. Se quiser um acompanhamento mais light, faça um spaghettini na manteiga com ervas, ou um arroz branco.

Ingredientes: (para 2 pessoas)

- 4 bifes altos e pequenos, ou 3 médios
- 2 colheres (sopa) cheias de grãos de pimenta verdes e/ou pretos
- 4 colheres (sopa) de conhaque
- 6 colheres (sopa) de creme de leite
- sal a gosto; 2 batatas grandes ou 3 médias
- ½ litro de óleo para fritar
- sal

Como se faz:

1. Moa a pimenta. Com os grãos num saco plástico, bata com um martelo de carne. A pimenta verde é mais tenra, e pode também ser picada facilmente com uma faca bem afiada. Envolva os bifes na pimenta, apertando para que o farelo grosso grude bem na carne.

2. Esquente bem uma frigideira pesada. Cubra o fundo com um pouquinho de óleo. Frite os bifes por 2 a 3 minutos de cada lado. Não fique virando, senão eles não douram direito. Teste o ponto apertando a carne com o dedo. Está pronto quando o seu dedo afundar um pouquinho, e a consistência for meio elástica. Na dúvida, corte um pedacinho. Tire os bifes da frigideira e coloque numa travessa tampada. Remova a frigideira do fogo e reserve.

3. Frite as batatas. Esquente bem o óleo (faça o teste da temperatura com um palito de batata). Despeje as batatas no óleo cuidadosamente, em lotes, e deixe dourar bem (leva uns 5 minutos). Retire do óleo, tire o excesso de gordura com papel absorvente e salgue.

4. Volte a frigideira dos bifes ao fogo. Acrescente o conhaque e raspe o fundo da panela para formar um molho escuro. Acrescente o creme de leite, misture rapidamente, salgue e despeje o molho na travessa dos bifes. Sirva imediatamente.

Magret de pato com molho de framboesa e purê

Sugestão de vinho: Merlot reserva gaúcho ou Cabernet Sauvignon californiano.

Este aqui é coisa fina, guarde pra uma noite bem especial – mesmo porque, fazer o purê dá trabalho. É bem chato ter que descascar as batatas, depois espremer, depois... bom, você sabe, né? Em compensação, o pato é baba. Piscou, tá pronto. Aliás, por isso mesmo, esteja preparado para servir o jantar antes de terminá-lo. Ou seja : faça o purê e o molho mais cedo e deixe-os aquecendo em fogo bem baixinho, assim você pode dedicar toda a sua atenção ao pato, para que ele saia no ponto perfeito.

Ingredientes: (para 4 pessoas)

- 4 magrets (peitos) de pato
- 6 colheres (sopa) de azeite
- 4 colheres (sopa) de cebola picada
- 6 colheres (sopa) de geléia de framboesa
- 1 xícara de água
- ½ xícara de vinho tinto
- 1 cubo de caldo de frango
- 1 colher (chá) de maisena
- sal e pimenta-do-reino.

Para o purê :

- 4 batatas grandes
- 4 colheres (sopa) de manteiga
- 1 xícara de leite
- 1 colher (sopa) de parmesão ralado
- sal e pimenta-do-reino

Como se faz:

1. Aqueça o óleo numa frigideira e frite os peitos de pato, 2 de cada vez, dourando bem os dois lados. Use umas 2 colheres de azeite a cada leva. Frite mais tempo do lado que tem a camada de gordura. Reserve.

2. Descarte a gordura, passe um papel na frigideira e use-a de novo, para dourar a cebola num pouco de azeite. Enquanto isso, misture a maisena no vinho até que dilua completamente. Acrescente o resto dos ingredientes à cebola dourada e deixe cozinhar até reduzir e engrossar, formando o molho de framboesa. Mantenha aquecido.

3. Cozinhe as batatas na água por cerca de 20 minutos, até que estejam moles, mas sem desmanchar. Passe pelo espremedor e volte à panela, mexendo bem e acrescentando aos poucos o leite e em seguida manteiga, parmesão, sal e pimenta.

4. Asse os peitos de pato em forno bem quente durante 10 minutos, ou até que a carne esteja mal-passada (tire um peito do forno e fatie para testar o ponto). Regue com o molho de framboesa e sirva com o purê.

Rosbife com arroz de shitake

Sugestão de vinho: tinto do Languedoc, na França.

De vez em quando é preciso caprichar. Preparar para ela um banquete que encha os olhos e arranque gemidos de prazer. Sabe como? Ela diz "Hummmm, tá uma delííícia!" Essa combinação de rosbife bem tenro com o arroz crocante e molhadinho é sucesso na certa. E não dá tanto trabalho como parece. Você pode preparar o arroz de manhã, e deixar pra fazer a carne à noite, o que leva só 20 minutos. Bico.

Ingredientes: (para 2 a 4 pessoas)

- ½ xícara de arroz selvagem
- ½ xícara de arroz branco comum
- 1cebola picada
- 1 colher (sopa) de salsinha picada
- 200 g de cogumelos shitake lavados e picados grosseiramente
- 4 colheres (sopa) de shoyu
- 3 colheres (sopa) de limão
- 1 colher (sobremesa) de gengibre fresco bem picado
- 1 peça pequena de filé mignon
- sal e pimenta-do-reino

Como se faz:

1. Lave o arroz branco e o arroz selvagem, separadamente. Cozinhe o arroz selvagem em 2 ½ xícaras d'água fervente. Refogue a cebola em um pouquinho de óleo. Acrescente o arroz branco e mexa bem. Acrescente 1 xícara d'água. Deixe cozinhar em fogo alto até formar "furos". Em seguida, tampe a panela e abaixe o fogo. Cozinhe mais uns 10 minutos e vá testando o ponto. O arroz integral demora mais — meia hora, mais ou menos.

2. Corte fora as pontas da peça de carne, fazendo com que ela fique no formato de um cilindro, salgue e apimente. Numa panela rasa ou frigideira — de ferro, de preferência — refogue em fogo alto com um pouquinho de óleo. Doure de todos os lados.

3. Tire a carne do fogo. Preaqueça o forno em fogo médio. Refogue os cogumelos numa frigideira grande com um pouquinho de óleo em fogo bem alto. Vá mexendo até que eles soltem água e encolham pela metade. Desligue o fogo e acrescente o shoyu, o limão, o gengibre e a salsinha.

4. Asse a carne. Leva só 10 minutos para ficar pronta, então não bobeie. Misture os dois tipos de arroz e o shitake e ajuste o sal. Retire a carne do forno e fatie (volte ao forno por alguns minutos se estiver mal-passada demais). Sirva com o arroz.

Lombo de porco com ameixas e polenta

Sugestão de vinho: Rioja espanhol ou Saint-Émilion francês ou Chianti Classico italiano.

Não consigo entender porque o lombo de porco anda tão fora de moda. Em protesto, bolei esta receita, reconfortante numa noite fria, cheia de contrastes de cores e texturas (que gostosa a mistura da carne suculenta com a polenta molinha!). É comida de mãe com uma cara elegante.

Ingredientes: (para 4 pessoas)

- 2 lombos de porco
- 2 colheres (sopa) de azeite
- 3 dentes de alho
- 1 xícara de conhaque
- suco de 1 limão grande
- sal e pimenta-do-reino
- 1 colher (sopa) de farinha de trigo

Para o molho:

- 1 ½ xícara de ameixa preta seca e sem caroço
- 2 colheres (sopa) de azeite
- 1 xícara de vinho tinto
- 1 xícara de água
- ½ cebola média
- 1 colher (chá) de maisena

Para a polenta:

- 11 xícaras de água
- 1 ½ cubo de caldo de galinha
- 2 xícaras de farinha de milho
- 3 colheres (sopa) de manteiga
- 3 colheres (sopa) de queijo parmesão ralado
- sal e pimenta-do-reino

Como se faz:

1. Marine o lombo com o conhaque, o suco de limão, a pimenta-do-reino e os dentes de alho partidos ao meio, de 2 a 12 horas. Pique a cebola e a ameixa.

2. Ferva a água com o caldo de galinha. Salpique aos poucos a farinha de milho e mexa bem para não deixar embolotar. Em fogo baixo, vá mexendo, até que a polenta engrosse e pareça um mingau mole — lembre-se de que endurece ainda mais quando esfria. Desligue o fogo e acrescente a manteiga e o queijo ralado. Mexa bem.

3. Tire o lombo da marinada e seque. Lambuze-o com a farinha de trigo. Frite em óleo quente até dourar de todos os lados. Tire a frigideira do fogo e passe o lombo para uma assadeira. Misture a maisena e o vinho tinto. Volte a frigideira ao fogo com o azeite e a cebola picada. Quando a cebola dourar, acrescente o líquido da marinada, o vinho tinto, a água e a ameixa. Cozinhe em fogo brando.

4. Asse o lombo coberto com papel-alumínio por 20 minutos ou até ficar no ponto certo (se você fizer um corte na carne, o miolo tem que estar rosa bem pálido). Enquanto isso, reaqueça a polenta, acrescentando água se estiver dura demais. Sirva o lombo fatiado por cima da polenta e regue com o molho de ameixas.

Carré de cordeiro com batatinhas crocantes

Sugestão de vinho: Rioja espanhol, Saint-Émilion francês ou Chianti Classico italiano.

Por favor não vá pensando que é difícil preparar este prato. Trabalhoso, sim. Difícil, não. Carré de cordeiro assado com batatas é um clássico que impõe respeito (bom pra deixá-la de quatro pelo *chef*), mas nem por isso tem que ser especialidade de francês metido a besta. Você, meu caro, vai conseguir fazer o banquete direitinho. Inclusive a batata, que fica macia por dentro e bem crocante por fora. Coragem!

Ingredientes: (para 2 pessoas)

- 1 carré de cordeiro com 7 ou 8 ossinhos
- 2 dentes de alho
- 1 colher (chá) de sal
- 1 colher (chá) de tomilho seco
- 3 colheres (sopa) de suco de limão
- 1 colher (sopa) de shoyo
- 1 colher (sopa) de mostarda Dijon
- 5 colheres (sopa) de azeite extravirgem

Para as batatas:

- 3 batatas médias ou 2 grandes
- ½ litro de óleo para fritar, de milho ou girassol

Como se faz:

1. Deixe o carré descongelar aos poucos, numa travessa na geladeira. Bata os ingredientes da marinada com um garfo até engrossar.

2. Limpe o carré: com uma faca afiada, retire a gordura e a carne que fica presa nos ossinhos. Embrulhe os ossinhos com papel-alumínio para não queimar. Lambuze a carne com a marinada. Ligue o forno na temperatura máxima.

3. Descasque as batatas e corte em cubinhos que caibam na boca. Ponha de molho em água fria por uns minutos, depois lave na torneira. Ponha para ferver numa panela cheia d'água, até que fiquem moles (teste com um garfo), mas sem desmanchar. Tire do fogo e seque-as com um pano de prato. Leve o cordeiro pra assar (leva só de 15 a 20 minutos!).

4. Esquente óleo numa panela pequena e pesada. Ele estará bom quando você jogar um pedacinho de pão e fizer milhões de bolhas e o pão boiar. Coloque as batatas no óleo. Vai levar uns 8 minutos até ficarem douradas. Tire com escumadeira, seque com papel absorvente e salgue bem. A essa altura, o cordeiro deverá estar pronto, tostado por fora e rosado por dentro. Fatie o carré e ponha numa travessa, com as batatas em volta. Se quiser fazer um molho, ponha a assadeira numa boca acesa do fogão e jogue uma taça de vinho (do que você estiver tomando, mesmo). Vá raspando o fundo para desgrudar os restos do assado e acrescente o que tiver sobrado da marinada. Quando o líquido ferver, coe e sirva.

Vitela com molho de anchovas

Sugestão de vinho: Brunello di Montalcino, Sangiovese californiano.

É legal variar, usar ingredientes que à primeira vista parecem não combinar. Nesta receita, o melhor é justamente o contraste entre um peixe supersalgado e uma carne delicada. Vai bem com spaghettini na manteiga, bem básico, ou então com o purê de batatas que aparece no magret de pato com molho de framboesa e purê (página 56).

Ingredientes: (para 2 pessoas)

- 2 costeletas de vitela (cerca de 450 g no total)
- 2 colheres (sopa) de azeite
- ½ xícara de creme de leite
- 3 anchovas em conserva
- 1 dente de alho
- ½ xícara de vinho branco
- sal e pimenta-do-reino
- 1 limão para enfeitar

Como se faz:

1. Bata o creme de leite, o vinho, o alho e as anchovas no liquidificador com um pouco de pimenta-do-reino.

2. Salgue e apimente as costeletas. Frite-as numa frigideira bem quente, no azeite, 2 minutos de cada lado até que dourem.

3. Leve o molho à fervura numa panelinha, sem deixar borbulhar muito, em fogo baixo, até que reduza e engrosse um pouquinho. Regue as costeletas com o molho e sirva, enfeitadas com rodelas finas de limão.

Suflê de queijo

Sugestão de vinho: Barolo ou Amarole italianos ou Bordeaux tinto, francês.

Pode perder o medo de pisar na bola, que esta receita não falha. Seu suflê vai crescer, ficar douradinho e combinar superbem com o vinho tinto bacana que você vai abrir pra ela. É bom deixar tudo no jeito. Antes de mais nada, confira se você tem em casa uma cumbuca grandona que possa ir ao forno. Até o passo n° 3 da receita, dá para preparar mais cedo. Aí na hora do jantar você só vai ter que bater as claras em neve, misturar tudo e assar. Bico, pode acreditar.

Ingredientes: (para 2 a 4 pessoas)

- 100 g de manteiga (½ barra)
- 5 colheres (sopa) de farinha de trigo
- 1 ½ xícara de leite integral
- ¼ de xícara de vinho branco seco
- 6 gemas, 8 claras
- 1 ½ xícara de queijo gruyère importado
- ½ xícara de queijo parmesão ralado
- uma pitada de noz-moscada ralada na hora
- sal, pimenta-do-reino

Como se faz:

1. Rale o queijo gruyère (ou então ao comprá-lo peça pra um atendente do supermercado fazer isso). Preaqueça o forno (fogo médio).

2. Numa panela, derreta a manteiga em fogo médio. Acrescente a farinha e mexa vigorosamente, sem deixar a farinha empelotar. A mistura vai engrossar rapidamente. Calma, que é assim mesmo. Acrescente o leite, e mexa para ajudar a diluir. Em seguida, junte o vinho e continue mexendo. Desligue o fogo. Bata as gemas numa tigela com um pouco de sal, pimenta-do-reino e a noz-moscada. Junte essa mistura à pasta de farinha, e mexa bem. Junte o gruyère e quase todo o parmesão.

3. Unte a cumbuca com manteiga e depois jogue um pouco de parmesão e sacuda para que ele grude nas paredes.

4. Numa tigela grande e seca, bata as claras até ficarem bem duras. Estão no ponto quando você vira a tigela de ponta-cabeça e as claras nem se mexem. Misture as claras e a mistura de queijo sem bater, e com cuidado, para não destruir as bolhas de ar.

5. Despeje na cumbuca. O certo é enchê-la até a metade. Colocar para assar em forno médio (uns 180°C) durante cerca de 45 minutos. Está pronto quando estiver rajado em tons de bege em cima e tiver subido acima da borda da cumbuca. Sirva rapidinho.

Fondue de queijo

Sugestão de vinho: Valais Fendant (branco suíço), ou qualquer outro branco bem seco.

Se as pessoas soubessem que fazer um fondue caseiro leva só uns 5 minutos a mais do que preparar um fondue daqueles prontos, de pacote, ninguém seria trouxa o bastante para servir a versão fast-food para a namorada. Nem é preciso dizer que o fondue caseiro é muito, mas muuuito melhor. Saia bem na fita e experimente. A receita é simples.

Ingredientes: (para 2 pessoas)

- 400 g de queijo gruyère
- 200 g de emmenthal (os dois têm que ser suíços de verdade, senão o fondue é bem capaz de embolotar)
- 300 ml de vinho branco seco
- 2 colheres (chá) de maisena
- 1 xícara de quirche (aguardente de cereja), ou de pinga, para facilitar
- 1 dente de alho
- pimenta-do-reino branca
- noz-moscada para ralar
- 1 bengala de baguete ou algum pão francês que tenha casca bem crocante, cortado em cubos

Como se faz:

1. Rale grosseiramente os queijos.

2. Esfregue o dente de alho cortado ao meio na parte interna da panela de fondue. Coloque nela o vinho branco e deixe esquentar. Acrescente então os queijos ralados. Mexa bem, em fogo médio, até que a massa de queijo derreta e se misture com o vinho.

3. Ainda não está cremoso? Calma! Dilua a maisena no quirche e acrescente aos poucos à mistura de queijo, mexendo sempre. Tempere com pimenta-do-reino branca e noz-moscada ralada. Sirva sobre *réchaud*, com os cubos de pão.

Quem foi que inventou essa bobagem que diz que homem não gosta de doce nem de preparar sobremesas? Tá certo que não é qualquer cara que leva jeito para assar bolos e tortas ou moldar massa de biscoitinhos, mas tem muita sobremesa mais simples e (por que não?) mais máscula do que aquelas tipo Dona Benta. As receitas deste capítulo são assim: simples e boas, sem muita frescura.

Geralmente, é preciso mais disciplina e paciência na confeitaria do que nos salgados. Bolos, de fato, precisam ter os ingredientes medidos minuciosamente, senão perigam não subir. Mas a musse e os doces com frutas que aparecem aqui são diferentes – uma erradinha a mais ou a menos em algum ingrediente não faz mal, o resultado sai bom do mesmo jeito. E olha que são "senhoras sobremesas", comparáveis às de qualquer restaurante bacana: tarte tatin, crepe recheada, etc. Pode ir sem medo.

Musse de chocolate

Os gringos têm uma palavra deliciosa para descrever aqueles doces que a gente come de olhos fechados, saboreando cada colherada como se fosse a última: *decadent*. Pode soar estranho pra você, mas acho que não há jeito melhor de explicar o prazer que é comer essa musse, cremosíssima e pecaminosa. Nem todo homem se entusiasmaria a esse ponto por um doce, eu sei, mas as garotas, meu caro, não querem saber de outra coisa naqueles dias mais, digamos assim... tensos e mal-humorados.

Ingredientes: (para 4 a 6 pessoas)

- 250 g de chocolate meio amargo (uma barra mais 6 quadradinhos)
- 5 ovos gelados
- 30 g de manteiga (não precisa pesar, calcule ⅙ de uma barra)
- 1 colher (sopa) rasa de açúcar
- 4 colheres (sopa) de água.

Como se faz:

1. Separe as claras das gemas. Bata as claras até que fiquem em neve (leva 3 minutos). Enquanto isso, coloque o chocolate, a água e a manteiga para derreter em banho-maria (encha uma panela com água até a metade e ponha outra panela menor dentro dela) e aqueça em fogo baixo. Você pode substituir a água por café bem forte ou conhaque se quiser empetecar o sabor da musse.

2. Bata por alguns segundos as gemas e o açúcar, sem deixar de mexer a mistura de chocolate. Quando o creme de chocolate estiver totalmente derretido e bem lisinho, tire do fogo e misture bem devagar às gemas açucaradas, misturando tudo.

4. Misture esse creme grosso às claras em neve. Faça isso com muita delicadeza, sem bater, para que as claras não se desmanchem completamente. Despeje numa vasilha bonita ou em taças individuais e deixe endurecer na geladeira por pelo menos 3 horas.

Peras no vinho

Esta sobremesa aqui você deve fazer na noite em que aquela nova analista de marketing do seu escritório aceitar jantar no seu apartamento. Sabe por quê? Enquanto as peras cozinham, a cozinha e a sala vão ficar deliciosamente perfumadas com o cheiro da calda que vai se formando. Não tem coisa melhor para fazer a garota sentir que está nas mãos de um bom cozinheiro. Quer apostar que ela vai ficar com água na boca?

Ingredientes: (para 8 pessoas)

- 8 peras (de preferência firmes e de tamanhos iguais)
- 2 garrafas de vinho tinto (o ideal é usar um Cabernet Sauvignon chileno)
- 2 colheres (chá) rasas de canela
- 12 colheres (sopa) cheias de açúcar
- 1 pote de sorvete de creme ou 1 pacote de biscoitos amanteigados (opcional)

Como se faz:

1. Descasque as peras, deixando os cabinhos. Ferva o vinho com a canela e o açúcar. Misture até o açúcar dissolver completamente. Coloque as peras nesse caldo. É importante usar uma panela em que elas fiquem juntas e a calda as cubra pelo menos até a metade.

2. Deixe cozinhar 45 minutos com a panela tampada e outros 45 minutos com a panela destampada, para a calda reduzir, virando as peras de vez em quando de modo que peguem a cor do vinho por igual. (É mais fácil cozinhar as peras cortadas em pedaços, mas o resultado não é bonito).

3. Se a calda não estiver grossa, da mesma consistência de um xarope, cozinhe-a sozinha mais alguns minutos. Deixe esfriar e gele. Se for servir as peras com sorvete de creme, o rendimento da receita aumenta.

Potinhos de café e chocolate

Esta sobremesa é um misto de pudim e creme, que leva pouco açúcar e nada de creme de leite. Por isso fica tão leve. Faz o maior efeito se servida em potinhos bem bonitos, decorada com grãos de café ou alguma frutinha. Faz bastante vista, embora seu modo de fazer seja supersimples – ninguém precisa ser *expert* em doces para acertar!

Ingredientes: (para 4 pessoas)

- 100 g de chocolate ao leite (do tipo especial para cobertura de bolo)
- 4 gemas
- 1 colher (sopa) bem cheia de açúcar
- ½ litro de leite
- ⅓ de xícara de café bem forte ou expresso
- grãos de café para decorar
- 1 pote de sorvete de creme (opcional)

Como se faz:

1. Pique o chocolate em pedacinhos. Reserve. Bata as gemas com o açúcar até que ele se dissolva. Esquente o leite junto com o café.

2. Quando o leite estiver pelando, quase fervendo, tire do fogo e misture todos os outros ingredientes, aos pouquinhos, batendo vigorosamente, até que o chocolate derreta.

3. Encha 5 potinhos refratários com este líquido. Você usará 4 para o seu jantar, e o quinto serve para você testar o ponto. Coloque-os numa assadeira e encha com água fria até a metade da altura dos potinhos. Asse em forno médio por 45 minutos. Dê uma colherada no quinto potinho para ver a consistência, que deve ser a de mingau bem grosso (ao esfriar, ele fica mais durinho). Deixe esfriar uns 10 minutos e guarde na geladeira. Na hora de servir, enfeite com os grãos de café, ou frutinhas.

Tatin de bananas

Sabe o que é tatin, né? Aquela torta baixa francesa, caramelada, geralmente feita com maçãs. Esta receita aqui, além de dar uma chacoalhada num velho clássico, também facilita a sua vida, já que bananas são bem mais simples de descascar do que maçãs. E a massa já vem pronta também, que o *chef* não é de ferro, certo?

Ingredientes: (para 4 pessoas)

- 1 pacote de massa folhada Arosa
- 6 a 8 bananas maduras, dependendo do tamanho da sua frigideira
- 1 colher (sopa) cheia de manteiga sem sal à temperatura ambiente
- ¼ de xícara de açúcar, canela pra polvilhar
- 1 pote de sorvete de creme

Como se faz:

1. Unte com manteiga uma frigideira com cabo metálico de cerca de 25 cm de diâmetro. Uma fôrma de torta também serve, mas não caramela tão facilmente quanto o ferro. Despeje o açúcar sobre a manteiga e chacoalhe para espalhar por igual.

2. Descasque as bananas e vá colocando-as em círculos na frigideira ou fôrma, como se fosse um caracol. Preencha todas as frestas. Se precisar, corte-as em pedaços menores, mas não deixe nenhum buraquinho sem um pedaço de fruta.

3. Frite as bananas em fogo alto sem mexer, até que o açúcar comece a escurecer e fique cor de caramelo bem escuro — deve levar 5 minutos. Gire a frigideira ou a fôrma para que as bananas fiquem carameladas por igual. Tire do fogo e deixe esfriar.

4. Desenrole a massa e corte um pedaço grande o bastante para cobrir a frigideira. Recorte e jogue fora a massa que estiver sobrando, e enrole as bordas para cima. Asse em forno médio por 25 a 30 minutos em forno quente (190° C), ou até a massa dourar. Deixe esfriar uns 5 minutos e vire sobre um prato grande. Se alguma banana sair do lugar, recoloque-a com as mãos, cuidadosamente. Polvilhe a canela por cima e sirva quente, com sorvete de creme.

Crepe de sorvete com calda de morangos

Você também pode fazer esta crepe de sorvete com calda quente de morangos, mesmo que nunca tenha fritado um ovo. Apesar da aparência sofisticada, é simples de fazer – desde que os passos sejam seguidos à risca. Sobremesas, afinal de contas, são mais chatinhas do que os salgados – não tem jeito de fugir da receita, senão dá errado. Prometo que o esforço vale a pena: a crepe é de-li-ci-o-sa!

Ingredientes: (para 4 pessoas)

- 1 xícara de leite
- ¼ de xícara de manteiga derretida
- 1 xícara de farinha de trigo
- 2 ovos
- ½ xícara de água
- 1 ½ xícara de açúcar
- 2 colheres (sopa) de vinho do Porto
- 20 morangos
- 1 pote de sorvete de creme

Como se faz:

1. Derreta a manteiga em fogo baixo ou no microondas. Assim que estiver líquida, desligue e deixe esfriar. Enquanto isso, coloque o leite, a farinha e os ovos no liquidificador. Acrescente a manteiga e bata tudo por 1 minuto. Despeje num prato de sopa. Se sobrar massa, deixe no liquidificador.

2. Lave os morangos, tire os cabinhos e corte-os ao meio no sentido do comprimento.

3. Faça a calda: cozinhe a água e o açúcar numa panela de fundo grosso, em fogo alto, mexendo sempre. A mistura, quando ferver, vai "subir" — aí é só abaixar o fogo e continuar mexendo por mais 3 ou 4 minutos, até que esteja um xarope transparente. Desligue. Espere um minuto e jogue na calda quente os morangos. Acrescente o vinho do Porto e mexa delicadamente.

4. Faça as crepes. Você pode usar uma panquequeira ou uma frigideira com Teflon. A panquequeira faz crepes mais finas e delicadas, e a frigideira, mais grossas e firmes. Não se preocupe: é natural errar as primeiras. Depois, você começa a pegar o jeito... Use fogo médio e faça 4 crepes. Aí, basta montar a sobremesa. Coloque uma "fileira" de sorvete de creme no centro de cada crepe e enrole para fazer um canudo. Disponha 2 crepes em cada prato. Despeje a calda quente por cima e sirva logo, antes que o sorvete derreta!

Abacaxi grelhado com zest de limão

Toda vez que finalizo um jantar servindo isso aqui, só ouço, pela sala, ooohs e aaaahs. Não sei bem porquê, mas impressiona "pra burro" – especialmente quando resolvo chamar a raspa de limão de zest. Chique no último. E o gosto, então, é dos deuses. Se soubessem como foi fácil fazer...

Ingredientes: (para 4 pessoas)

- 4 fatias gordas de abacaxi
- 2 limões grandes
- 1 colher (sopa) de açúcar (ou 2 se o abacaxi estiver azedo)
- 2 colheres (sopa) de manteiga

Como se faz:

1. Lave bem os limões e rale a casca o mais fino que puder, para obter a raspa.

2. Frite as fatias de abacaxi numa frigideira bem quente, na manteiga, salpicando o açúcar conforme for fritando, até que dourem dos dois lados. Sirva quente, com a raspa de limão salpicada por cima.

O QUE SERVIR QUANDO ELA JÁ ESTÁ NO PAPO

A vida, você sabe, não é um eterno xaveco, jantares à luz de vela, elogios ao pé do ouvido, sussurros e risadinhas. Um dia, o flerte vira caso, e o caso vira namoro. Ou casamento! E o *chef*, que não é de ferro, dá uma relaxada, perde a vontade de impressionar a cada vez que pisa na cozinha. Este capítulo é para essa fase em que sua garota já lhe chama de "môr" e anda pela casa de moletom e pantufas e sem sutiã. É para as horas em que você quer fazer algo gostosinho para o jantar ou para um lanche fora de hora, que seja simples, reconfortante e mate a fome.

Linguado com purê de espinafre

Eis o jantar ideal quando vocês dois chegam em casa exaustos, mas querem comer algo que seja mais interessante e nutritivo do que batata chips ou pipoca de microondas. O peixe você pode descongelar na hora, no microondas, o espinafre, idem.

Ingredientes: (para 2 pessoas)

- 2 filés de linguado (com pelo menos 400 g no total)
- 1 xícara de creme de leite fresco
- 1 colher (sopa) rasa de tempero seco de cebola, alho e salsa
- 1 colher cheia de farinha de trigo
- 2 colheres (sopa) de manteiga
- 1 pacote de 400 g de espinafre em folhas congelado (de preferência Bonduelle)
- suco de ½ limão
- sal e pimenta-do-reino

Como se faz:

1. Deixe o espinafre sobre a pia para descongelar ou, se tiver pressa, siga as instruções da embalagem para descongelar no microondas. Tempere os filés de linguado com o suco de limão, sal e pimenta-do-reino. Derreta 1 colher (sopa) de manteiga numa panela. Quando estiver líquida, acrescente a farinha e o tempero seco e mexa vigorosamente, até dourar.

2. Acrescente ⅔ do pacote de espinafre. Mexa bem e deixe refogar em fogo baixo. Acrescente o creme de leite e espere engrossar. Ajuste o sal e a pimenta.

3. Enxugue os filés de peixe e frite-os usando o resto da manteiga, em frigideira bem quente. Pingue uma gota de óleo na manteiga para evitar que queime. Doure dos dois lados e salgue. Sirva com o purê.

Estrogonofe de mignon

O prato nosso de cada restauranteco de esquina, pode, fácil, fácil, se transformar em coisa fina. Afinal, antes de virar presença constante nos cardápios de lugares meia-bomba, o estrogonofe viveu dias de glória. Você pode ressucitar a tradição aristocrática desse clássico (que deve o nome a um duque e diplomata russo chamado Paul Stroganov) na sua própria cozinha, cara! Um conhaquezinho, tomates italianos em vez de catchup, creme de leite que não seja enlatado e pronto. Só não se esqueça de arrumar arroz e batata palha prontos, senão você corre o risco de perder meio sábado ao pé do fogão...

Ingredientes: (para 2 pessoas)

- 600 g de filé mignon
- ⅓ de xícara de creme de leite
- 1 lata de tomates pelados
- 1 vidro de 100 g de cogumelos em conserva
- 4 colheres (sopa) de cebola picada
- 1 colher (chá) de açúcar
- 1 cubo de caldo de carne
- 2 colheres (sopa) de azeite
- ⅔ de xícara de conhaque
- 3 colheres (sopa) de óleo
- arroz que sua empregada fez
- batata palha de pacote

Como se faz:

1. Refogue a cebola no azeite até que ela murche. Despeje a lata de tomates, o cubo de caldo de carne e o açúcar e tampe. A cada 5 ou 10 minutos, abra a tampa, mexa e dê umas batidas nos tomates com uma colher de pau para que eles desmanchem.

2. Pique a carne em cubos (não vale jogar tudo no processador). Jogue fora os fios de gordura. Enquanto isso, vá checando o molho de tomate. O ponto certo é quando os tomates estiverem totalmente desmanchados e o molho estiver grosso como um pirão. Leva mais ou menos meia hora.

3. Aqueça uma panela grande. Despeje o óleo até cobrir o fundo dela. Quando estiver pelando, acrescente a carne e refogue em fogo alto sem mexer, para que os cubos dourem de um lado. Depois de 2 minutos depois, vire os cubos e doure-os do outro lado.

4. Acrescente o conhaque à carne, ainda com o fogo bem alto. Espere o álcool evaporar. Junte o molho de tomate e os cogumelos e a pimenta-do-reino, e corrija o sal. Pronto. Na hora de servir, esquente bem e quando desligar o fogo, junte o creme de leite. Não deixe borbulhar senão o creme pode talhar.

Club sandwich

Parece simples, o club sandwich... Pão torrado, tomate, alface – coisa pra comer de pé num boteco, certo? É, pode ser, sim, num dia de ressaca. Mas qualquer bom freqüentador de lanchonete pode atestar que há sanduíches e sanduíches. E o club, superpopular nos Estados Unidos, está na segunda categoria – a dos sanduíches com "s" maiúsculo. A razão é simples: ele tem texturas variadas. O tomate geladinho, a alface lisa e frágil, o bacon crocante, o pão mais seco, mas também crocante, a maionese untuosa e o frango – que você já compra assado para não ter trabalho – suculento, macio e bem temperadinho. Coma fazendo bocão e depois use o pão para chupar as gotas do tempero que pingam no prato. Vai muito bem com futebol, sofá e televisão.

Ingredientes: (para 4 pessoas)

- 1 pacote de pão de fôrma bem quadrado
- 1 pacote de bacon fatiado
- 1 frango assado de boa rotisseria
- 1 pé de alface
- 2 tomates grandes e maduros
- 1 pote pequeno de maionese
- pimenta-do-reino

Como se faz:

1. Torre 12 fatias de pão. Frite em fogo baixo 12 fatias de bacon (sem usar óleo). Quando dourarem, retire e escorra em papel absorvente. Corte-as ao meio. Fatie o peito do frango assado.

2. Fatie os tomates. Lave e seque as folhas de alface.

3. Disponha 4 fatias de torrada numa tábua. Passe um pouco de maionese nelas, e coloque uma folha de alface sobre cada uma (cortando os pedaços que ficarem para fora do pão). Por cima, coloque uma rodela de tomate. Cubra as rodelas com fatias de pão. Sobre elas, disponha o bacon e o frango. Salpique pimenta-do-reino.

4. Passe maionese nas últimas 4 torradas e com elas "tampe" os sanduíches. Aperte-os de leve e corte ao meio na diagonal. Fixe as "torres de Pisa" com palitos de dente.

Cheeseburguer

Nada de pegar o carro e ir até uma lanchonete se você pode fazer e comer seu cheeseburguer super-hipersuculento em casa. Que tal evitar fila, manobrista, crianças barulhentas e ficar na paz do seu apê? Ah, e por favor não se prenda à receita. Acrescente tomate e alface se gostar de cheese-salada, por exemplo. O cheddar pode muito bem ser substituído por um bom emmental, ou mesmo por um queijo prato. Você pode usar patinho para fazer o hambúrguer, e pode também trocar a cebola e a salsinha por qualquer outro tempero, como cebolinha e bacon.

Ingredientes: (para 2 pessoas)

- 3 batatas grandes ou 4 médias
- 400 g de filé mignon moído na hora (no açougue ou na sua casa)
- 1 colher (sopa) rasa de salsinha picada
- 1 colher (sopa) cheia de cebola picada
- 2 pães de hambúrguer
- 1 litro de óleo de milho ou girassol
- 200 g de queijo cheddar

Como se faz:

1. Descasque as batatas e pique-as em palitos. Deixe de molho na água por alguns minutos e escorra. Coloque para cozinhar em água por 15 minutos. Escorra e seque com um pano de prato. Reserve.

2. Misture a cebola, a carne e a salsinha. Forme os hambúrgueres com a mão. Fatie o queijo.

3. Encha uma panela de ferro até a metade com óleo e esquente. Leva pelo menos 5 minutos. Teste a temperatura jogando um pedacinho de batata. Estará no ponto quando a batata boiar e formar milhares de bolhas. Frite as batatas em levas, até que fiquem douradas. Retire com escumadeira e seque em papel absorvente. Salgue abundantemente.

4. Aqueça uma frigideira pesada e pingue um pouquinho de óleo. Quando estiver bem quente, grelhe os hambúrgueres. Depois de 2 minutos, vire-os e cubra cada um com uma fatia generosa de cheddar. Grelhe por mais 2 minutos. Enquanto isso, aqueça os pães rapidamente no forno, sem deixar tostar. Monte os cheesebúrgueres e sirva logo, com as fritas.

Taça bebum

Roubei esta receita de minha tia Julie, que adora inventar coisas na hora, de improviso. Como ela é canadense, usa o verdadeiro maple syrup, o xarope extraído da árvore típica do país, que é delicioso. Experimentei substituir pelo xarope de milho, bem mais comum no Brasil, e deu supercerto. O resto da receita escrevi usando a memória gustativa, lembrando o que tinha em cada camada do doce, e tentando calcular como foi feita aquela combinação tão gostosa. Se a receita não é a autêntica, tudo bem – é excelente também, além de ficar bonitona em taças de vidro.

Ingredientes: (para 2 pessoas)

- 4 bolas de sorvete de creme
- ½ xícara de amêndoas em lâminas, sem casca
- 1 colher (sopa) de rum
- 4 colheres (sopa) de maple syrup (de preferência) ou xarope de milho

Como se faz:

1. Pique as amêndoas num processador (pulsando) ou na mão, mesmo, até que vire uma farofa bastante grossa.

2. Coloque ½ colher de rum em cada tacinha, salpique um pouco de amêndoas, acrescente o sorvete (2 bolas pra cada pessoa). Despeje o xarope e o resto das amêndoas por cima.

Musse de manga e iogurte

Esta é uma clássica sobremesa de liquidificador. Ou seja: basta bater tudo, despejar numa fôrma, esperar algumas horinhas, e pronto! Sem preconceito. Quem disse que doce bom é doce complicado? Eu confesso: tem gente que já me pegou comendo metade dessa musse numa só tarde, assistindo a um bom filme. Sabe como é – a gente se serve de uma fatia, vai pra sala, come, volta, pega outra fatia, come, volta... Ah, e dá pra fingir que é light, porque não leva açúcar e tem iogurte desnatado na receita.

Ingredientes: (para 6 pessoas)

- 1 garrafa de 500 ml de suco de manga concentrado
- 1 pacote de 54 g de suco de manga em pó
- 2 copos de 200 g de iogurte natural
- 2 envelopes de 12 gramas cada um de gelatina em pó sem sabor
- 1 lata de leite condensado
- 1 manga fatiada pra decorar

Como se faz:

1. Dilua a gelatina em água conforme as instruções da embalagem.

2. Bata todos os ingredientes no liquidificador.

3. Despeje numa fôrma bonita e leve à geladeira. Se a fôrma não for antiaderente, unte com um pouquinho de óleo vegetal. Desenforme depois que endurecer, o que deve levar de 2 a 3 horas. Se grudar, mergulhe a fôrma rapidamente em água quente e tente de novo. Enfeite com as fatias fininhas de manga.

Banana a jato

A jato mesmo. Você pode fazer este doce (bem geração-saúde) em menos tempo do que levaria para ir até a padoca do bairro comprar um quindim. A receita guarda um truque: não cozinhar a banana, senão ela incha e fica com uma aparência cabeluda e pouco apetitosa. Ela só deve ser esquentada, no máximo.

Ingredientes: (para 6 pessoas)

- 4 xícaras de suco de laranja
- 1 xícara de polpa fresca de maracujá, com as sementes
- 3 colheres (sopa) cheias de açúcar e uma colher (chá) rasa de canela
- 6 bananas (nanica ou prata)

Como se faz:

1. Cozinhe o suco de laranja, o maracujá fresco com sementes, o açúcar e a canela numa panelinha em fogo médio. Corte ½ dúzia de bananas (nanica ou prata) em pedaços de 3 centímetros de comprimento.

2. Depois de 20 minutos, retire a calda do fogo. Coloque numa tigela e adicione os pedaços de banana. Deixe esfriar e ponha para gelar. Fica ainda melhor com sorvete de creme — nesse caso, a mesma receita serve até 9 pessoas.

Brigadeiro da meia-noite

O filme está no começo. Vocês, agarrados debaixo do edredom. Ela, com vontade de comer um docinho. Sua geladeira, vazia. Que fazer? Brigadeiro, claro! Pare o filme, e vá 10 minutos pra cozinha, pois ela merece, não acha?

Ingredientes: (para 2 gulosos)

- 1 lata de leite condensado
- 2 colheres (sopa) de chocolate em pó
- 2 colheres (sopa) de manteiga
- ½ xícara de leite.

Como se faz: 1. Misture tudo numa panela e leve ao fogo. Mexa sem parar até que você consiga ver direitinho o fundo da panela quando passar a colher de pau. Tire do fogo e sirva na panela mesmo, tomando cuidado pra não queimar a língua.

Crumble de maçã

Está na moda, o crumble – tem pipocado em alguns cardápios de restaurantes bacanas em São Paulo. Tanto melhor. O crumble, esteja na moda ou não, é uma sobremesa danada de boa. Engorda? Claro, e daí? Vai dizer que você vai se fazer de *gourmet* disciplinado... E olha que com sorvete de creme ou creme de leite fresco fica ainda melhor!

Ingredientes: (para 4 a 6 pessoas)

- 5 ou 6 maçãs
- 1 xícara de farinha de trigo
- 1 xícara de açúcar mascavo
- suco de ½ limão
- 1 colher (chá) de canela em pó
- ½ xícara de manteiga em temperatura ambiente

Como se faz:

1. Descasque as maçãs e corte em gominhos, descartando o miolo. Vá colocando os gominhos numa tigela que possa ir do forno à mesa e pingando limão por cima para não escurecer. Ao terminar de cortar as maçãs, se elas não tiverem alcançado a borda da tigela, use outra, menor.

2. Misture numa tigela a manteiga e o açúcar até virar uma pasta lisa. Junte a farinha e mexa mais um pouco, até que vire uma farofa grossa e meio empelotada.

3. Espalhe a "farofa" sobre as maçãs. Asse por 20 minutos em forno bem quente e preaquecido, até que a camada de cima fique bem dourada. Sirva morno ou quente, com sorvete de creme ou creme de leite fresco.

Morangos picantes com chantilly

Esta aqui você vai estranhar, acho. Morango picante?! Desde quando? Pois pode acreditar que fica bom. O picante é bem leve, porque fica mascarado pelo doce do chantilly. A pimenta acaba dando um *punch*, nada mais do que isso.

Ingredientes: (para 4 pessoas)

- 600 g de morangos maduros
- 500 g de creme de leite fresco
- 3 colheres (sopa) de açúcar
- ½ colher (sopa) de vinagre balsâmico
- ½ colher de vinho do Porto
- pimenta-do-reino

Como se faz:

1. Lave os morangos, tire os cabinhos. Lambuze-os com o vinagre e o vinho, moa pimenta-do-reino por cima (sem medo!) e deixe macerando durante uns 20 minutos pelo menos. Se os morangos não estiverem bem maduros, salpique também ½ colher (sopa) de açúcar.

2. Bata o creme de leite, gelado, por 3 minutos ou até que fique firme. Acrescente o açúcar, colher a colher e desligue, senão vira manteiga. Escorra os morangos, descarte a marinada e sirva com o chantilly.

O ABC DO CHARUTO

Acender um cubano depois do creme brulée virou coisa fina. Não acha que está na hora de você se ligar nos termos usados pela galera do ramo? Eis o básico.

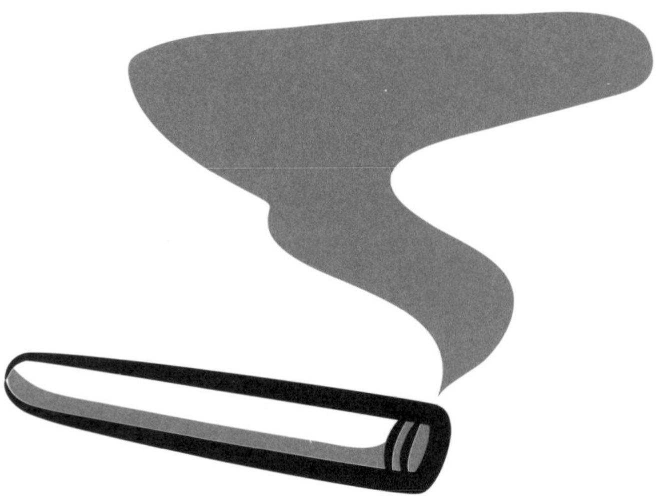

Acender

Jamais use um isqueiro, se não quiser respirar gases venenosos. O certo é acender o charuto com um fósforo de madeira, aspirando de modo curto e constante para criar uma brasa sem esquentar o bicho, mora?

Anilha

É uma tirinha de papel que envolve o charuto, com a sua logomarca. Não é obrigatório, mas pode-se tirá-la antes de começar a fumar, com cuidado pra não estragar a capa (ver definição a seguir).

Bafo
Conseqüência imediata e inevitável do ato de fumar. Tenha um chiclete ou drops sempre à mão para o pós-charuto.

Buquê
Termo ligeiramente afrescalhado, que se refere ao cheiro que solta o charuto. Só existe quando o dito-cujo é propriamente armazenado (ver umidificador).

Capa
Todo charuto é, essencialmente, um enrolado de folhas de tabaco, e a folha de fora – a mais nobre e bonita – é chamada de capa.

Cedro
É dessa madeira que se fazem as boas caixas de guardar charutos, por ser aromática e resistente. Acender o charuto com uma lasca de cedro é esnobismo de neófitos.

Churchill
1. Nome de um charutão que sempre mede 15 centímetros. 2. De Sir Winston Churchill, ex-primeiro-ministro da Inglaterra que ficou famoso por jamais largar seu charuto.

Corona
É o nome do formato mais usual de charuto, nem curto nem comprido, nem fino nem grosso.

Cortador
O formato mais comum lembra uma miniguilhotina. Serve para cortar fora a pontinha do charuto, para que se consiga fumá-lo.

Dedos
Use o indicador e o polegar para segurar um charuto, como se fosse uma xícara de café, e não o indicador e o médio, como se fosse um cigarro.

Fumaça
Baforou, fez fumaça. Por isso, tenha desconfiômetro e só acenda o seu onde sabe que não vai incomodar. E, para tirar o cheiro depois, acenda velas.

Goma
Cola vegetal totalmente saudável, que é usada para dar o acabamento na capa e manter o charuto enrolado.

Gran Corona
Outro nome de formato de charuto. Caso você não tenha adivinhado, parece um Corona, mas é maior!

Grana
Sinônimo: dindin, bufunfa. Você vai precisar de muita, se o charuto virar hábito. Uma caixa de 25 cubanos médios custa por volta de R$ 500.

Maduros
Chamam-se assim os charutos de capa escura, fruto de fermentação mais demorada das folhas de tabaco. Não são necessariamente mais fortes que os claros.

Óleo

Todo bom charuto, bem guardado, conserva e pode transpirar resinas oleosas.

Pé

É como chamam a ponta do charuto que deve ser acesa.

Puro

Termo que vem do espanhol e quer dizer bom charuto.

Robusto

Tipo de charuto curto e grosso, para machos.

Segundos

Charutos que não passam nos testes de qualidade dos melhores produtores, por ter uma manchinha, um amassado, etc. São grandes pechinchas se você não liga para detalhes.

Torpedo

Charuto que, como indica o nome, tem o formato de um torpedo. É gordo no meio e pontudo numa das extremidades.

Umidificador

Caixa de madeira com um termômetro que mantém a umidade e a temperatura em níveis ideais para conservar charutos sem mofo (excesso de umidade) e sem ressecamento (falta de umidade)

Zureta

É o que você vai ficar se resolver tragar ao fumar seu charuto.